D1730141

Círculo Rojo

Amar en kilómetros

Amar en kilómetros

FEDE JARA

Círculo Rojo
EDITORIAL

Primera edición: septiembre 2018

Depósito legal: AL 2070-2018

ISBN: 978-84-1304-293-0

Impresión y encuadernación: Editorial Círculo Rojo

© Del texto: Fede Jara
        Instagram: www.instagram.com/fedejara18
        Facebook: www.facebook.com/FedeJara26
© Maquetación y diseño: Equipo de Editorial Círculo Rojo
© Fotografía de cubierta: Depositphotos.com

Editorial Círculo Rojo

www.editorialcirculorojo.com

info@editorialcirculorojo.com

Impreso en España — Printed in Spain

El papel utilizado para imprimir este libro es 100% libre de cloro y por tanto, **ecológico**.

AGRADECIMIENTOS

Principalmente a mi hermana Sofi, quien me ha inspirado a escribir esta historia y ha sido también parte de ella, logrando en mi sentir que cuando hablo con ella es como si tuviese a Tom en la charla.

A mi hermana Gime, que también es mi gran amiga y lectora, crítica sincera.

A mi otra hermana Flo, mi confidente, compañera en casi el cien por cien de mi vida.

Al gran sueño de mi vida hecho realidad, mi hermano Joaquín.

A la persona que me dio la vida y me ha inculcado la humildad, el luchar por todo sin rendirse, porque al final del día valdrá la pena.

A mi abuelo J. P. J. P. y mi abuela R. G. M. V., quienes eran, son y serán siempre mis segundos padres, y a los que les agradezco tantas enseñanzas y cariño.

A mi primo Rodrigo, a mi ahijada Magaluna, a Silvina, a Fiamma, a Javi, a Yamila.

A mi tía G. B., a mi prima C. J., que siempre me animan para que tire adelante.

A mi padre.

Y, por sobre todo, muchas gracias a ti, lector, que dedicas tu tiempo a esta historia.

PRÓLOGO

Comencé a escribir AMAR EN KILÓMETROS sin aún tener claro al cien por cien que tipo de historia quería contar. Lo más curioso es que siempre que comienzo una obra nueva en lo primero que pienso es en el título; por lo general, es algo que se consigue cuando ya comienzas a escribir o cuando acabas el escrito.

Te encontrarás con una novela que se basa en historias reales, lo cual te creará la incógnita de si es *mi historia de amor plasmada en papel,* y, como me gustaría que me conocieras un poco más, te responderé contándote brevemente cómo surge esta novela.

Antes de comenzar a escribir, preparé una especie de formulario con unas cuantas preguntas, el cual di a varias personas de mi círculo social con la idea de conocer un poco más las diferentes sensaciones y sentimientos que tuvieron esas personas al vivir las situaciones planteadas en cada pregunta. Ellos me contaron con más detalles sus historias amorosas, lo que me ayudó a recabar opiniones según los diferentes puntos de vista; de modo que haciendo un pequeño análisis de las personalidades tanto de los *entrevistados* como de las otras partes de cada historia, fui creando los personajes, los cuales, todos y cada uno de ellos, también tienen algo de mí en cuanto a rasgos de personalidad.

¿Soy yo Tom o algún otro personaje? Verdaderamente, sí y no; lo que se traduce en que, como te dije antes, tienen partes de mí.

En algún momento de mi vida tuve cierta negatividad, debido a que no todo iba como a mí me hubiese gustado y eso me provocaba un poco de angustia, por así decirlo; también suelo ser un poco terco y, según en qué aspectos, eso puede ser negativo o positivo, ya que la terquedad te lleva a insistir, por ejemplo, en lograr cambios positivos en tu vida. Soy una persona que disfruta escuhando a los demás y, si está a mi alcance, ayudando o aconsejando a quién lo necesite. También me considero perseguidor de mis sueños, exigente conmigo mismo y, por sobre todo, no olvido mis raíces, pues, en mi opinión, la humildad puede llevarte a donde quieras ir.

La historia de amor entre los personajes no es verdadera, de todos modos, puede que le haya sucedido a alguien en el mundo, lo cual sería casualidad; no obstante, son vivencias, sentimientos y anécdotas de diferentes personas, mezcladas para obtener como resultado esta historia contada por el mismo Tom, que lo hace a modo de *diario personal*, intentando no olvidarse de partes importantes, pero, al mismo tiempo, queriendo que sea una narración fluida y directa, como si te lo contara en una charla cara a cara.

En lo personal, esta historia me gusta, porque he aprendido mucho de los personajes y porque, aunque soy yo quien los crea y sé cómo será cada parte e incluso el final, todo cobra vida propia. Los diferentes *testimonios* de las personas a las cuales les di los cuestionarios me ayudaron a entender tantísimas cosas que quizás antes no conseguía comprender, que por eso quiero agradecerles infinitamente ser parte de mi vida y de AMAR EN KILÓMETROS.

UN POCO DE MÍ

Mi alma vaga sigilosa en la profundidad de mis sueños, esos sueños que uno cree que no logrará conseguir, y también, aquellos que nos hacen confundir con la realidad que estamos viviendo.

Hace un tiempo, tuve un sueño extraño, tanto es así que no recuerdo lo que era exactamente, pero sí, la sensación que me dejó.

Creo que, de un tiempo a esta parte, todo ha cambiado, sobre todo, mi cabeza se ha convertido en la enemiga de mi estabilidad emocional, siento que me dice: «Thomas, tienes que hacer esto». Los pensamientos vuelan en ella como si fuesen bichos dentro de un frasco, y las emociones hacen que me confunda todo el tiempo. No es que esté loco, o sí; qué más da.

He comenzado a escribir esto en un simple cuaderno con motivo de desahogarme y contar lo que he sentido, siento y supongo que sentiré.

Hace años, la relación con mi última novia se terminó, una chica hermosa en todo su ser, de la que lo que más me gustaba era su sonrisa. Ella me transportaba a otro plano, al que algunos llaman amor, pues supongo que entonces eso fue. Durante mucho tiempo luego de acabar la relación, seguía sintiendo cosas por ella; de todas maneras, al final del día todo queda en el pasado.

En el año 2000 me mudé a Edimburgo (Escocia) porque mi economía en Estados Unidos ya no era buena; fue una decisión complicada de tomar, ya que en esa situación se dejan muchas cosas atrás, aunque solo sea físicamente y quizás por un tiempo, es duro. La familia, los amigos, las costumbres y un montón de cosas más son las que cambian al emprender un viaje a una aventura totalmente desconocida, pero soy de las personas que no quieren quedarse con cosas sin intentar o, si no, al menos, irse de esta vida con la menor cantidad de pendientes posibles; en definitiva, cuando morimos solo nos llevamos recuerdos y sentimientos que nos llenarán de luz a donde sea que vayamos.

Hay momentos en los que, por algún motivo, el cual desconozco, a mi pecho lo invade una sensación a la que creo poder llamar ANGUSTIA, y eso se debe a otra sensación, a la cual temo mucho y que, por cierto, es mi mayor miedo, que es la soledad. Hasta ahí puedo decir lo que es.

¡Pues sí! Suelo sentirme un poco solo a veces, y creo que es normal, a todo el mundo seguramente le ha sucedido. Es verdad que el ir a vivir a otro país fue elección mía, pero, de todas maneras, siempre está ese dejo de amargura que luego se calma cuando recuerdas que estás allí para ser feliz.

He caminado mucho por sitios que me transportaban lejos de la realidad, para pensar sobre todo en lo que en mi mente está y para conectarme con la naturaleza, que en definitiva es lo más puro que tenemos o, al menos, eso creo. Es una manera de aprovechar la soledad de algún modo.

No sé si te ha pasado que, en algún momento, cuando te sientas en un bosque mirando a lo lejos y pensando de dónde venimos, qué somos en realidad, cuál es nuestro propósito en la vida y en la tierra, y a dónde vamos, quizás suene loco, pero, seguramente, es en esos instantes de desconexión de lo cotidiano que nos rodea y en contacto con la tierra cuando vemos cada árbol y cada cosa de un modo diferente; es como si consiguiésemos ver, respirar y sentir su energía. Es ahí cuando nuestra mente y alma comienzan a viajar, soñar, analizar y sentir.

Voy a quedarme con una palabra de la reflexión anterior: SENTIR.

Me gustaría contarles una parte de mi historia, exactamente la relacionada con el *amor* y todo lo que eso conlleva. Para comenzar, podemos preguntarnos una y mil veces que es el amor, claramente, la pregunta existe y quizás, una respuesta también. En mi opinión, es una explicación cotidiana de lo que creemos que es, ya que en realidad nadie lo sabe con certeza, pues no es algo que se pueda estudiar y saber el significado, tampoco es una enfermedad que tenga síntomas; simplemente, podemos saber que es *algo*. También sabemos que, cuando estamos enamorados, comienzan a brotar un sinfín de sentimientos que asociamos a esa palabra. Os contaré cuáles han sido mis experiencias las dos veces que he estado enamorado.

Como he dicho antes, tuve una novia a la que conocí hace unos años, pero vamos al inicio.

En un momento en el que las redes sociales estaban en su punto más alto, conocí a una chica hermosa. Al principio, no me lo pareció, pero, a medida que pasaban los días, comenzaba a darme cuenta de cuán bella era. Hablábamos por chat únicamente. Como también comenté antes, lo que más me gustaba de ella era su sonrisa, simplemente perfecta, tenía una magia especial que me hacía sonreír. No pasó mucho tiempo para conocernos en persona. Recuerdo que ese día nos encontramos en un parque; yo iba con un amigo y ella, con su mejor amiga.

El instante en el que ella llegó, mi cuerpo comenzó a experimentar una sensación que jamás había tenido, era como si mi corazón latiese de manera diferente, y al verla ahí tan perfecta y con su sonrisa radiante, provocó que todo lo que había a mi alrededor se silenciara y transformara; parecía que solo podía escuchar la sangre correr por mis venas, solo lograba verla a ella, pues el resto se había tornado oscuro, como si la única luz existente la siguiera en su andar. Tardé un momento en volver a la realidad, fue cuando la tenía a mi lado saludándome, su perfume era fresco y cítrico, lo puedo percibir aún en este momento si cierro los ojos.

Dos o tres meses más tarde, nos dimos nuestro primer beso, me costó mucho conseguirlo, lo admito, pero, como dicen, lo bueno se hace esperar. Creo que valió la pena, pues si su sonrisa era mágica, sus besos lo eran aún más. Sus abrazos lograban que una especie de cosquilleo me recorriera la espalda, y aseguro que podía quedarme abrazado a ella durante horas.

No estuvimos juntos por mucho tiempo, casi un año, pero creo que fue genial, pese a algunos malentendidos o discusiones normales que se dan en todas las parejas; incluso tiempo después de acabar la relación, sentía que echaba de menos ese cariño, esos abrazos, el perfume, los besos, las palabras, los suspiros y, sobre todo, la sonrisa. Quizás eso sucedía cuando me sentía solo.

—Tom, he notado que últimamente estás un poco extraño, quizás triste, preocupado o algo así —comentó Olivia mientras conducía.

Eran casi las doce del mediodía, nos íbamos a pasar el día a North Berwick, que está a cuarenta kilómetros al este de Edimburgo; ella se giraba para mirarme siempre que podía, pero sin dejar de prestarle atención al tráfico.

—La verdad es que sí, no sé qué es lo que está pasando en mi cabeza; hay cosas que están cambiando o quizás yo esté dándome cuenta ahora.

—Pero ¿es algo grave? —preguntó Oli preocupada. Me miró una vez más frunciendo el ceño y pasando un mechón de su pelo rojizo por detrás de la oreja.

—No sé si grave es la palabra que lo describe, pero estoy confuso y no logro identificar exactamente que es. Tampoco estoy seguro de que sea el momento adecuado de hablarlo o expresar lo que siento.

Tardamos aproximadamente una hora y media en llegar. Dejamos el coche y nos dirigimos a la playa para sentarnos en la arena; era abril por lo que el clima era agradable.

UN AMOR DIFERENTE...

—Creo que me estoy enamorando de nuevo —confesé, pero no pensaba lo que en realidad estaba diciendo.

—Pero ¡eso está muy bien! —Se alegraba por mí—. Siempre y cuando sea un amor correspondido, para que tú no sufras —replicó Oli.

Yo suspiré, la miré fijamente a sus enormes ojos verdes, y ya no sabía que más añadir. Comenzaba a tener miedo a todos y cada uno de mis pensamientos, pues siempre me jugaban malas pasadas, a las cosas que podía decir o, más bien, a las consecuencias que podrían llegar a tener mis palabras.

—Lo sé, no estoy seguro de que sea correspondido —comenté analizando rápidamente si lo era o no.

—¿Cómo que no estás seguro? —preguntó Olivia sin entender.

—Te lo contaré con detalle, pero te pido que me des tiempo para procesar y saber si realmente estoy haciendo bien en contártelo o no —expliqué, aunque pensé que había sonado un poco mal, pues podía pensar que no confiaba en ella.

—Venga, Tom. Tú sabes perfectamente que eres mi mejor amigo, puedes confiar en mí, no es necesario que te lo diga —expresó mi amiga y sonreí al mismo tiempo que asentía—. Y también sabes que me encanta cuando sonríes, suspiras y levantas las cejas. —Reía mientras me miraba de una manera pícara—. No sé exactamente que está sucediendo y tampoco estoy segura de lo que pasa por tu mente, pero sí sé que te noto un poco extraño desde hace días.

—Verás, hace casi un mes que he comenzado a hablar con alguien por Skype; primero fue por un chat de Internet, pero luego preferimos algo más *personal,* por llamarlo de alguna manera.

—Hoy en día es normal —interrumpió.

—Lo sé, pero va mas allá de que sea una charla virtual. —Hice una pausa para tomar aire y continué—: Esa persona no es de aquí, es de México.

—Eso sí ya es un poco más complicado —aprobó.

—Pues sí, yo diría que muy complicado; es más, me atrevo a decir que es una locura —dije, ella sonrió y miró al cielo.

Olivia no tiene una dentadura perfecta, pero al sonreír se ve aún más hermosa.

—¡No exageres, Tom! —protestó.

—No sé por qué, pero me encanta. Lo curioso es que simplemente con las charlas a distancia podemos sentirnos tan cerca. Hemos hecho videollamadas y nos hemos escrito hasta quedarnos casi dormidos, ya que hay unas seis horas de diferencia con México. Hablamos cuando aquí es de noche.

—Tom, ¿qué te hace sentir?

—Cada vez que hablamos siento que me desconecto del mundo que me rodea, que solo existimos los dos; quizás no sea una belleza andante, aunque de todas maneras físicamente me atrae —justifiqué —. Y eso es lo curioso, tú sabes que no soy una persona que tenga cánones establecidos, sin embargo, no estaba dentro de los estereotipos con los cuales siempre me he relacionado, pero es su personalidad la que provoca un torbellino de sensaciones en mí. No paro de pensar en todo el día, solo estoy deseando que llegue la noche para conectarme y hablar; es como si la extrañara aunque no la conozca en persona. ¡Estoy enloqueciendo!, esto no es normal. —Estaba enfadado conmigo mismo, confundido, angustiado, me sentía un completo idiota.

Ahora puedo darme cuenta de que todo sonaba como una novela de adolescentes.

—No te pongas mal porque alguien te cause algo inexplicable. De eso tratan los sentimientos, de no saber describirlos con exactitud. Creo. —No se la veía muy convencida de lo que estaba diciendo.

—Alguien a quien no conozco en persona, con quien llevo poco tiempo hablando mediante un ordenador, pero que no logro sacar de mi mente: eso no es algo *normal* —refunfuñé.

—Tom, ¿y no crees que quizás eso es más real? Es verdad que la otra persona puede fingir ser alguien que no es, así como tú también, pero habéis hecho videollamadas y tú ves su lenguaje corporal, tal y como si estuvieses a su lado, y, en mi opinión, quizás eso es más real, porque sientes cosas por alguien aun estando lejos y te da igual lo que tenga, cómo sea físicamente y demás. No estoy diciendo que una relación amorosa a distancia sea lo ideal, porque no creo que lo sea; ya hemos hablado sobre eso y pensamos de la misma manera. En cuanto al tiempo, no te preocupes, no tenéis una relación, simplemente os estáis conociendo. Tómalo tal y como es.

—Desde luego —afirmé.

—En algún momento, puedes ir a visitarla o ella venir a conocerte; quizás en ese momento os deis cuenta de lo que sentís el uno por el otro en realidad. No te digo que te vayas la próxima semana a verla o que ella venga dentro de dos días a verte a ti, pero podéis continuar unos cuantos meses hablando con la misma intensidad. No hablo de tiempo solamente, sino de intensidad de sentimientos, eso significa que os queréis en verdad y que vuestro deseo es estar juntos, conoceros más para compartir muchas cosas, y obviamente el contacto físico jugará un papel importante a la hora de confirmar o fortalecer esos sentimientos; cuando hablo de contacto físico, no pienses cualquier cosa — aclaró.

Recuerdo que estábamos sentados sobre la arena el uno al lado del otro, ella a mi izquierda, y hubo una pausa en la conversación.

Nos pusimos a contemplar el paisaje, la brisa marina era muy agradable.

—Lo primero que te llamó la atención fue su sonrisa, ¿verdad? —preguntó Olivia con un tono afirmativo que me hizo sonreír.

—Me conoces muy bien —respondí y ella encogió sus hombros mientras sonreía—. La verdad es que sí —confirmé.

—¡Lo sabía! —exclamó victoriosa como si hubiese ganado una apuesta.

—Pues sí. ¡Uff! Cuando tenía catorce o quince años, tuve épocas en las que dudaba mucho de mí, no sabía de lo que era capaz.

—Baja autoestima: es común a esa edad —lo dijo dando a entender que ella también había pasado por esa faceta.

—Supongo. Sobre todo sucedía cuando estaba desbordado de pensamientos extraños, hasta que llegaba un punto en el que, para intentar sacarlos de mi cabeza, me decía: «Ya basta». Procuraba hacer lo correcto, todo el tiempo tratando de agradar a los demás, simplemente, porque sí o quizás para ser aceptado y querido por todas las personas que me rodeaban; el miedo continuo de la soledad me perseguía, verme aislado de todos y de todo me aterraba, aunque creo que ahora eso lo he superado, porque, por unos instantes, pienso que un poco de soledad no está mal, e incluso estoy seguro de que exageraba. En definitiva, no todas esas personas aportaban algo constructivo a mi vida, claro que de eso me doy cuenta ahora, después de que el tiempo me ha ido mostrando quiénes son las personas en realidad y aunque es un poco contradictorio, porque tengo muy claro que el tiempo es el único que sabe todo y tiene la razón, el problema es que no lo aplico a todo, ya que si así fuese, no estaría tan agobiado con este tema. Sucede que tememos a lo desconocido, a experimentar cosas que quizás son muy buenas para nosotros, pero como no sabemos de qué se trata, nuestro cerebro genera una especie de lo que yo llamo *anticuerpo*, y que no es sino miedo, y que en general no sirve de nada, es más, puede que nos vuelva cobardes en un momento en el cual la valentía es lo único que necesitamos.

—¡Lo ves! Puedes expresar los sentimientos, por lo menos, a mí me los explicas bien —acotó ella y se acomodó para quedar frente a mí.

—Como te dije antes, la teoría supongo que la tengo bastante clara, y, aunque me muestre valiente, centrado, seguro y alegre, por dentro tengo un miedo terrible, mis pensamientos van a donde quieren, la inseguridad y la tristeza me vencen en esta lucha continua con mi interior. Es curioso pensar que el ser humano es algo sencillo y creado a la perfección, ya que todo lo que tenemos es para y por algo, pero él mismo se ha convertido en su peor enemigo y quien continuamente está luchando consigo mismo. No sabemos de dónde venimos, pero queremos saber a dónde vamos, solo para creernos una especie inteligente y desarrollada, aunque, en realidad, no sabemos cómo solucionar cada problema interno, cada enfermedad y todas las cosas malas del mundo. Mucho menos, sabemos por qué somos nosotros mismos los que estamos empeñinados en destruir lo nuestro a nivel terrenal, espiritual, natural, científico, etc. Siento ganas de gritarle al mundo muchas cosas, pero, al mismo tiempo, no estoy seguro de que al mundo le importe. Solo quiero estar bien conmigo mismo, pero ¿sabes cuál es el problema?

—Que no te atreves a ser valiente, sin importar lo que opinen los demás, ¡y no puede ser así, Tom!

—¿Y cómo lo hago? Cómo hago para que esta sensación de impotencia, miedo y angustia se aleje de mí.

—Eres muy listo, sincero, humilde, bueno…, es decir, que tienes un sinfín de virtudes que te pueden ayudar y seguro que lo harán, simplemente, detente un momento frente al espejo y mírate, habla contigo mismo y piensa lo que quieres en realidad.

—No sé lo que quiero.

—¡Sí que lo sabes! Solo que no estás pensando en ti, si sabes lo que es amar en kilómetros, el resto es una tontería.

—¿Amar en kilómetros? —pregunté atónito.

—Pues sí, imaginemos que los sentimientos se pueden medir, que el amor que siempre das a los demás es kilométrico, y que esta nueva aventura es amar a kilómetros de distancia; es un amor diferente, quizá sin importar nada.

—¡Vaya! Nunca se me hubiese ocurrido ese pensamiento.

DA IGUAL LO QUE SEA…

—¡Tú eres el maestro!, seguro que se te habría ocurrido —aseguró, risueña—. No quiero verte mal, todo lo contrario, me gusta verte sonreír, me gusta verte enamorado y riendo porque sí, como cuando tienes el pecho lleno de esa energía que parece que te hará explotar.

—Y yo quiero estar bien, pero es tan complicado.

—Tú lo has dicho, el ser humano es sencillo, pero uno mismo hace que todo sea complicado.

—Eso me recuerda la famosa frase de la policía: «Todo lo que diga puede ser usado en su contra».

—A decir verdad, sí. Es que vuelves a no aplicar las teorías a tu vida. ¿Cuál crees que es el problema?

—El problema es quién es esa persona.

Hubo una pausa bastante larga y nos miramos, pero yo me había quedado en blanco y Olivia parecía estar en la misma situación.

—¿No entiendo? —Olivia no conseguía comprender a donde quería llegar ni cuál era el motivo de tanto misterio—. Seguro que yo no soy, porque no vivo en México —razonó en tono de broma.

Comenzaba a sentir ganas de salir corriendo hacia algún sitio lejano, sin rumbo y sin detenerme, correr hasta ya no poder más, o tumbarme en la cima de una montaña mirando el cielo y esperando que la vida pasara. Mi corazón comenzaba a latir más rápido, me decía que fuera valiente y le dijera todo, aunque mis pensamientos revolotearan de un lado a otro en mi cabeza haciéndome creer que podía pasar lo peor, pero ¿qué era lo peor que podía suceder? Podía acabar la conversación y en otro momento contárselo, pero Olivia no se quedaría tranquila hasta que yo le dijera lo que sucedía, ella no para hasta conseguir lo que quiere, y además temía que lo tomara a mal y se alejara para siempre. Eso significaría una depresión para mí.

Hubo unos cuantos minutos de silencio, durante los que solo nos quedamos mirando el mar y el cielo; ella parecía tranquila, pero, al mismo tiempo, creo que intentaba descubrir el misterio, y yo solo tomaba fuerzas para hacer desaparecer todo de mi mente y examinaba como iba a decir cada cosa, aunque, de todas maneras, continuaba abolutamente confundido, sin saber si estaba sintiendo lo correcto o simplemente era un espejismo.

—¿Qué sucede si todo lo que te he contado de las conversaciones por Skype y lo de que vive en México era una simple excusa para contarte que siento algo por alguien y tantear tu reacción, pero que en realidad esa persona eres tú?

—En primer lugar, te diría que deberías comenzar a escribir una historia, ya que se te ocurren buenas ideas, porque vaya novela que te has montado con lo de los chat y México; en segundo lugar, si soy yo esa persona, pues no sé, creo que no sucedería nada, simplemente, debería digerir y analizar la situación, porque la verdad es que me tomas por sorpresa.

—Tranquila, no eres tú. Solo quería quitarme la tensión que tengo, gastarte una broma y ver tu reacción.

—¡Qué cabrón eres! —Me dio un golpe en el hombro, y yo alargaba la situación para pensar rápidamente como le iba a decir aquello.

—¡Uff! Oli, esa persona es un chico —murmuré entre dientes, tanto que casi ni se escuchó lo que había dicho.

La sensación que tuve al pronunciar esas palabras fue algo que nunca había experimentado, como si mis oídos se hubieran taponado y hubiese escuchado esa frase retumbar en mi cabeza mientras de mis labios solo salían en forma de vibración. La parte buena fue sentir que una carga tan grande se desprendiera de mí. Olivia permanecía inmóvil, parecía no haber oído nada, y eso me asustaba aún más, ya que no quería repetir aquello que había dicho. El silencio continuaba y yo comencé a desesperarme por dentro, los pensamientos otra vez carcomían mi ser. La miré, ella cerró los ojos un instante y suspiró con un gesto de decepción. Comenzaba a ser yo el que no comprendía qué estaba sucediendo.

—Entiendo que estés preocupado, porque quizás creas que no es fácil o, al menos, eso puede parecer al principio. —Me miró fijamente—. Tom, ¿eso es lo que te inquieta realmente, que sea un chico o el qué dirán? —preguntó frunciendo el ceño. Era evidente que lo había entendido a la perfección.

—Creo que ambas —reconocí.

—¿Solo te perturba la idea de que te enamores de un hombre? —dijo con toda la naturalidad del mundo—. Mejor deberías pensar que te has enamorado de una persona, da igual lo que sea. Qué más da si es hombre o mujer mientras te quiera también y tú sientas que eres feliz a su lado.

—No es tan fácil como parece y no entiendo cómo me puede estar pasando. —Me golpeaba la frente con el puño.

—¡No pienses tanto, Tom!, ¡déjalo estar!. ¿Para qué ponerle pegas? No seas terco —dijo algo enfadada.

—Es que no estoy seguro de querer que sea así. Tú quizá lo veas más fácil, porque no eres la que está en mi lugar.

—Justamente porque lo veo desde fuera, no me parece algo negativo, además eso no lo decides tú, eso ya está en ti. ¡Uff!, no tiene nada de malo. —Se molestó conmigo por no comprenderla; no obstante, se acercó a mí y me abrazó.

—Cuéntame todo eso que tienes dentro, saca tus dudas, tus miedos y todo lo que te hace mal. Puedes confiar en mí ciegamente, que jamás haré nada que te dañe —expresó mientras frotaba mi espalda.

· Mi garganta se me hizo un nudo en un abrir y cerrar de ojos, sentía que me quemaba, y mis ojos se llenaban de lágrimas que trataba de contener, pero no lo conseguí y comenzaron a caer en silencio por mis mejillas Mi mirada se mantenía clavada en algún sitio del paisaje, el cual veía borroso debido a que mis ojos permanecían inundados.

Olivia no decía nada, se acomodó a mi lado, apoyó su cabeza en mi hombro y pasó su brazo por detrás de mi espalda, ese gesto de contención es impagable. Su amistad, lealtad, sinceridad, cariño y todo su ser eran de otro planeta. Espero tenerlo siempre, pues hacer que ese vacío constante que siento se llene por un rato, no lo logran muchas personas.

Permanecimos así unos cuantos minutos, dejó que me desahogara lo suficiente para poder hablar.

—Es guapo, ¿verdad? —preguntó haciendo que riera.

Siempre dice algo fuera de lugar, pero consigue romper el hielo y darte cierta tranquilidad.

—No es una belleza andante como te dije antes, pero está bien. De todos modos, me da pavor toda la situación, no sé si es real o estoy dentro de una pesadilla.

—Que no te dé miedo reconocer que te gusta. Comprendo que te sientas confundido, pero creo que es mejor que sea real, ¿para qué vivir en una fantasía?

—No sé qué es lo mejor; esto no estaba en mis planes.

Me sentía agobiado, la energía que me suponía el tener esta conversación hacía que me sintiera cansado.

—Pero, en los planes que la vida tiene para ti, sí está, y ante eso no se puede hacer otra cosa que dejar que todo fluya poco a poco y no apresurándose, con inteligencia y paciencia.

—¿Crees que este sentimiento es correcto? —le pregunté.

—¿Quién decide lo correcto o incorrecto?, en el amor no hay reglas. Lo único que me preocupa es la distancia, y eso es algo que se puede solucionar.

—Su sonrisa es perfecta —confesé y ella sonrió—. Nunca creí que iba a decir esto, pero me atrae mucho.

—Se debe a que no conocías esa parte de ti, a mucha gente le sucede; el tiempo ayuda a mostrar todos nuestros detalles, a conocernos a nosotros mismos. Quizás la conexión con él es tan grande que no puedes controlar ese sentimiento y, simplemente, quieres dejar que todo siga y crezca aunque, por otra parte, quieras esconderte donde nadie te pueda ver.

—Tengo muchas ganas de conocerlo personalmente y ver qué sucede, qué es realmente lo que me hace sentir y hasta dónde avanzo, pero, de todas maneras, el miedo a toda esta *aventura*, como la llamas tú, permanece. No tienes ni idea de cómo está mi cabeza desde que comenzamos a hablar.

—¿Qué harás mañana? —preguntó de repente. Me sorprendió, ya que no sabía a que venía la pregunta; no tenía nada que ver con lo que yo estaba diciendo.

—Pues nada, porque tengo el día libre.

—Genial, entonces tenemos el tiempo suficiente para que me cuentes todo lo que quieras desde el principio.

—Podemos buscar un sitio para pasar la noche —asentí.

Fuimos hasta donde estaba el coche y traté de despejar un poco mi mente mientras íbamos a buscar algo de comida. En el camino no tocamos el tema.

Al llegar a la pizzería, yo me quedé en el vehículo y a su regreso, emprendimos el viaje en busca de un sitio donde pasar la noche hablando sobre mi nuevo camino.

QUÉDATE UN RATITO MÁS…

—En uno de esos días en los que me ataca la angustia y el aburrimiento, como tú ya sabes —Olivia asintió—, busqué en Internet algún chat para conocer gente, porque como tú estabas de vacaciones, necesitaba desconectar un poco de todo y charlar con alguien. Por lo tanto, entré en uno, me hablaron en un chat privado dos chicas que viven cerca y quedamos como a la semana para tomar algo, pero, curiosamente, me habló un chico y la conversación fue la siguiente:

»"<GDL-MX> ¿Qué tal?, ¿qué te trae por aquí?

»Al principio pensé que era otra chica, ya que su nick no daba indicios de de lo que era.

»"<TOMUK> Bien, ¿y tú?

»"<GDL-MX> Me alegro. Yo, muy bien, gracias.

»Sonaba amable.

»"<TOMUK> Estaba aburrido y lo que quería era conocer gente, hablar y entretenerme un rato.

»Le expliqué sin darle mucha importancia al tema.

»"<GDL-MX> Yo pienso lo mismo, siempre es bueno conocer gente nueva.

»Expresó sonriente.

»"<TOMUK> Así es.

»"<GDL-MX> Perdona, ¿eres hombre o mujer? Es que tu nick no me da mucha idea.

»Le dije y agregué un emoticono sonriendo para no sonar tan borde.

»"<GDL-MX> Hombre. ¿Te incomoda?

»"<TOMUK> ¡No!, tranquilo, solo era curiosidad.

»"<GDL-MX> Vale, es que hay quienes lo toman a mal.

»"<TOMUK> No hay por qué. Solo estamos charlando, no hay nada de malo.

»"<GDL-MX> Lo sé".

»Hablamos por más de tres horas, todo en castellano, de esa manera ponía en práctica tantos años de estudio de esa lengua. Tocamos diferentes temas, desde música, pasando por amoríos, amistades falsas y demás, sinceramente, sentí durante un buen rato esa desconexión del resto de las cosas, y no me sentí incómodo, como quizás en otro momento me hubiese pasado. Me dijo que se había entretenido mucho con la charla, que no le pasaba hacía tiempo, ya que con sus amigos no estaba teniendo una muy buena relación últimamente, y, sin preguntarme nada, antes de despedirse, me escribió su usuario de Skype y me dijo:

»"<GDL-MX> Me gustaría continuar charlando, por eso te dejo mi Skype. No te pregunté el tuyo, para no ponerte en un compromiso. Si quieres, agrégame, y si no, pues ha sido un placer hablar contigo y te deseo lo mejor".

»Luego de poner eso, se despidió y se salió del chat. Debo reconocer que me sorprendió su intención de seguir hablando y dudé en agregarlo, pero, al mismo tiempo, me dio una sensación extraña, como de culpabilidad si no lo hacía, entonces pensé: «Si lo agrego y algo va mal, lo elimino o lo bloqueo; pero, si no lo agrego, perderé el contacto y quizás no hay nada de malo en tenerlo». Por lo que entré a Skype y lo agregué, me fui a dormir casi enseguida porque me moría de sueño.

»Al día siguiente, por la noche, cuando me disponía a revisar mi correo electrónico, me llegó una notificación en la que decía que había aceptado la solicitud. Siempre dejo Skype con la sesión iniciada. Fue un momento extraño, abrí su ventana de conversación y, simplemente, me quedé mirándola. No entendía que estaba sucediendo con la energía que me rodeaba, creo bastante, por no decir totalmente, en las energías y, sobre todo, en que las cosas en la vida suceden por algo, y si no suceden, también es por algo. Cerré la conversación, pero, enseguida, recibí un mensaje de él que apareció en un globo de notificación sobre un extremo de la pantalla que decía:

»"LGARCÍAMX

¿Cómo estás?, ¿qué tal tu día, *man*?".

»No estaba seguro de si responderle o no, me daba pena no hacerlo, pero tampoco quería que pensara que lo estaba esperando, porque no era así; por tanto, decidí ignorar el mensaje al menos por un rato. Me envió otro:

»"LGARCÍAMX

Quizás te dejaste el Skype abierto, pero, bueno, no pasa nada. Hablamos en otro momento".

»Esperé unos cuantos minutos más antes de responderle.

»"CONNOR

¡Lo siento!

Estaba haciendo unas cosas en el ordenador.

¡Sí!, tengo el Skype siempre abierto.

Un día tranquilo A decir verdad, demasiado tranquilo. ¿Qué tal el tuyo?

»"LGARCÍAMX

Pues bien, aún no ha acabado.

Aquí son las 16:25.

»"CONNOR

¡Genial! Aquí, las 22:25".

»Mi cabeza solo intentaba procesar y entender que estaba hablando con un chico extraño, de un país al otro lado del océano, dato que no supe hasta esa noche en la que estuvimos hablando unas tres horas más; tampoco sabía su nombre real, ya que su cuenta de Skype era una secundaria que tenía para hablar con gente que conocía en el chat, y eso me inquietó un poco. Él tampoco sabía el mío, ya que en mi cuenta no puse mi nombre, sino el de un personaje de mi libro favorito, en mi caso, no era por nada especial, solo que un día me hice esa cuenta para hablar con amigos mientras jugábamos en línea, y por eso era la única que usaba.

»Esa misma noche intercambiamos bastante información sobre nosotros: nombres, edades, países de donde éramos y demás. En esa conversación que tuvimos durante horas, mis pensamientos comenzaban a dar vueltas y a irritarme un poco: «¿Qué hago hablando con él?». Era la pregunta del millón, pero

sentía como si lo conociera de antes y eso me tranquilizaba. Por algún motivo, nos fuimos dando cuenta de que existía una conexión especial.

»"LGARCÍAMX

Quién sabe, quizás lleguemos a ser muy buenos amigos en un futuro, y a querernos como hermanos.

»"CONNOR

Sinceramente, tengo el pensamiento de que los amigos son amigos, y los hermanos son hermanos.

Dos cosas diferentes que no pueden mezclarse.

»"LGARCÍAMX

¡Tienes razón!

Muy buena respuesta".

»Los días pasaban, yo estaba mucho más relajado en las conversaciones y había un poco más de confianza por parte de ambos. Estaba tomando esa experiencia con toda la normalidad del mundo o, bueno, al menos, lo intentaba. En la quinta noche, nos hicimos una videollamada y fue aún más extraño; creía que era muy pronto, pero, al mismo tiempo, pensé que si lo hubiese conocido en algún sitio, nos habríamos visto desde el primer momento, así que traté de tomarme todo con tranquilidad».

—¿Cómo es? —preguntó Olivia mientras abría la caja de pizza.
—¿Cómo es qué? —Enseguida me di cuenta de que había preguntado algo sin sentido.
—¿Cómo es él físicamente?
—Pues… —No sabía como responder a eso—. Verás, es que, cuando apareció en pantalla, estaba en pantalones cortos y sin camiseta, no mostraba la cara, estaba sentado sobre la cama. Obviamente, yo tampoco mostré mi cara, y creo que fue algo tonto por parte de los dos, así que no tardamos en mostrarnos por completo.
»"Perdona, *wey*, que esté sin camiseta. Es que hace un día supercaluroso y acabo de llegar de trabajar. Me he duchado y me he puesto con el ordenador".
—Yo le dije que no pasaba nada. Su acento mexicano era agradable.
—¿Me vas a decir cómo es, o qué? —insistió Olivia ansiosa.
—¡Qué intensa eres! —le dije riendo—. Piel morena, pero por el sol, no es un moreno exagerado; un cuerpo esculpido, ya que él me había comentado que iba al gimnasio, que le gustaba mucho el deporte y su sueño era abrir su propio gimnasio; sus pectorales, bien marcados, pero no exagerados; su abdomen plano, bíceps fuertes y hombros pronunciados. Es decir, está musculado, pero no era un «croissant». Pelo castaño, ojos color café…
—Y su sonrisa, de otro planeta: brillante y perfecta —interrumpió Olivia.
—¡Pues sí!, honestamente, al principio lo vi como a una persona más, su sonrisa es espectacular, pero no me quejo de la mía.
La situación se volvía cada vez más *íntima*, por decirlo de alguna manera, y la confianza aumentaba aún más cada día; nos contábamos más cosas y conocíamos nuestras personalidades poco a poco o mucho a mucho, mejor dicho.

»"—Tom, siento que hay una conexión entre nosotros, es extraño y eso me perturba un poco, es como si te conociera desde hace mucho tiempo y no quiero mentirte, por eso quería, antes de seguir hablando, contarte un pequeño detalle —Se detuvo unos instantes antes de continuar—. Pues verás, a mí me gustan los chicos.

»Fue como si me tiraran un cubo de agua fría, lo soltó sin más, y aunque en el fondo lo intuía, me sorprendió escucharlo de él.

»"—¿Cuál es el problema? —le pregunté procurando mostrarme despreocupado.

»"—Supongo que ninguno, al menos, no para mí, pero no sé qué piensas tú.

»"—Que me da igual —respondí sin pensar".

»En mi interior comenzaba a sentir algo desconocido que, hasta el momento, no podía explicar. No era rechazo, pero al mismo tiempo, sí. Vamos, ¡una cosa extrañísima!

»"—¡Genial! —expresó Leo".

»Hablamos otras tantas horas más por videollamada. Parecía un chico maduro, atento, muy divertido y con un montón de virtudes.

»Unas tres semanas después, una de esas noches me llamó:

»"—¡*Man*!, estoy un poco preocupado, mi cabeza está a punto de explotar. —Su cara de angustia y preocupación hablaban por sí solas—. Todo es muy raro, *wey*, no sé ni cómo explicar esto que me pasa y tampoco quiero que huyas despavorido, pero, como te dije hace unas semanas, siento como si te conociera desde hace mucho tiempo y es la primera vez que me sucede. Lo peor de todo, o quizás lo mejor, es que te tengo en mi cabeza todo el día, lo paso pensando en que estarás haciendo, cómo estarás… ¡Uff!, no sé, perdóname. —Se le notaba agobiado, pero aliviado al decirme lo que le sucedía".

Olivia comía pizza, pero se mantenía expectante escuchando lo que le contaba, como si mirara una película.

»"—Leo, para mí creo que es un poco más complicado, ya que no he tenido ningún tipo de relación con hombres antes, solo amistad, claro. Hace días que me está pasando lo mismo que me cuentas, siento la necesidad de hablar contigo todo el tiempo y vuelas en mi cabeza, sonrío cuando recuerdo cosas que hemos hablado o, simplemente, porque me vienes a la mente. Es muy extraño, es difícil de entender y aceptar esta situación, pero más aún es sentir miedo a que se acabe porque no quiero que así sea —confesé abrumado por esas palabras.

»"—Tampoco quiero que esto se acabe. No sé qué va a pasar, pero hablar contigo me hace bien y me desconecta por unas horas de todo el resto del mundo. También siento miedo de que se termine, te aburras, te agobies, y que no vuelva a saber de ti.

»"—De momento, por mi parte, eso no sucederá. Como ya te dije, las personas se cruzan por algo en la vida, pero tampoco podemos apresurarnos. —Obviamente yo también estaba confundido".

—La verdad, Oli, fue como si estuviésemos grabando un capítulo de una novela, no parecía real, pero, al mismo tiempo, lo era. Mi cabeza quería comprender la sensación que recorría mi pecho, era como si el corazón me ardiera y la garganta se me hiciera un nudo, de tal manera, que no podía tragar saliva. Esa misma noche, sobre las cuatro de la madrugada, le dije que me iba a dormir porque tenía sueño y me costaba mantenerme despierto.

»"—¡Quédate un ratito más! —me suplicó—, es que me haces bien, *wey* —reiteró".

»Y tuve unas enormes ganas de abrazarlo, tanto es así que por ese instante me olvidé de que era un chico, solo pensé que le hacía bien a alguien y que me sentía querido de alguna forma.

»"—¡Vale!, cinco minutos más y me voy a dormir".

»Pero esos minutos se transformaron en treinta.

»"—Ve a descansar —me dijo media hora más tarde—. Gracias por desvelarte por mí. Ahora puedo dormir tranquilo y contento, solo esperando a que sea mañana para volver a hablar".

—¡Qué tierno! También comprendo tu situación, porque empezaba a nacer una faceta en ti que no conocías —dijo Olivia, que parecía estar tranquila por ese cambio en mí.

Le mostraba más interés a la historia en sí y a cómo yo actuaba por lo que sentía.

NO TE ALEJES DE MÍ…

La situación se tornaba cada día más extraña y además, a mi parecer, todo iba muy rápido. No obstante esas charlas comenzaban a ser una rutina de la cual no podíamos ni queríamos salir, eran nuestro viaje a un sitio un tanto desconocido para él, y mucho más, para mí, pero que estábamos explorando y no me desagradaba. Siempre he llevado una vida a la que la gente llama *normal* o vida *hetero*, de hecho, siempre me he sentido bien así y no la imaginaba de otra manera hasta el momento e incluso me cuesta imaginarme en un futuro con alguien del mismo sexo.

Como he dicho antes, cuando tenía catorce o quince años, tenía pensamientos que me preocupaban y trataba de controlarlos de alguna manera, pero, al final, siempre reaparecían. Sinceramente, miraba a los chicos, aunque en ese momento solo pensaba que era una manera de decir que quería ser como ellos, ya que siempre he tenido mi autoestima baja y cuando veía a un chico más guapo que yo, tenía ese pensamiento. Pero también muchísimas veces me daba la sensación de que me atraían de otra manera que no comprendía o no quería aceptar, ya que era algo que estaba *mal*. Hemos sido criados, educados o como yo le digo «programados» con ciertas creencias sobre lo que está bien o mal, lo que es normal o anormal, y eso ha sucedido generación tras generación, sucede actualmente, y espero que no siga pasando. La mayoría no consigue reflexionar un momento y, simplemente, darse cuenta de que somos seres humanos, que no sabemos de dónde venimos, y que puede que todo, y me refiero a la vida, sea algo diferente a lo que creemos, que quizás estemos programados para creer lo que estamos viendo y nada más, pero qué pasaría si fuéramos un experimento de una sociedad avanzada de otro planeta y que nos colocaron aquí para evaluar nuestro comportamiento y desarrollo, suena loco, ¿verdad? Pero ¿y si el normal soy yo y los locos son los que no piensan como yo? Es un tema infinitamente grande sobre el cual nunca acabaríamos de debatir, pero esta es la clave: ¿por qué está mal enamorarse de una persona, sea cual sea su sexo o raza?, ¿cuál es el problema de que dos personas demuestren su amor? Yo era uno de esos que no entendían y tampoco veían correcta esa *manera de ser*, porque simplemente seguía los pensamientos de mis padres, era pequeño, pero uno se va dando cuenta de las cosas, vamos creando nuestras propias opiniones y pensamientos con el paso del tiempo cuando vamos madurando.

Hoy ese Thomas no existe, ahora puedo pensar de otra manera, y aunque realmente me costó aceptar que yo soy una de esas personas que pueden sentirse atraídas por otra del mismo sexo, creo que ese es mi destino y quizás Leo tenga que ser parte de ello o no.

»"—¿Por qué no estás aquí? —preguntaba Leo tonteando en una de las videollamadas que hicimos. Yo estaba acostado en mi cama con el ordenador portátil—. No consigo sacarte de mi mente en todo el día. No lo entiendo, pero, de todas maneras, quiero que esto siga —explicó un poco angustiado—. También es verdad que siento mucho miedo de que algún día acabe; la distancia es una barrera difícil de superar, aunque no imposible.

»"—Lo sé, Leo, pero quizás, en algún momento, tú puedas venir o yo ir a verte —dije intentando contenerlo.

»"—¿Y qué sucederá después, Tom?

»"—¡No lo sé! —No supe que decir.

»"—Me gustaría estar a tu lado, simplemente, estar ahí y saber que te tengo cerca. —Su tono de angustia aumentaba, a mí me tocó el corazón—. Te juro que no logro entender por qué me está pasando esto, no sé qué tienes, pero hay algo en ti que no me deja irme.

»"—Me pasa exactamente lo mismo, tú también tienes algo. Tienes Magia, sé que es muy pronto quizás para decir esto, pero ¿qué sucede si me enamoro en algún momento?… —Acababa de soltar una idiotez.

»"—¡Uff!, quizás si eso pasa, tenga que irme de tu vida. —Que me dijera eso causó angustia en mí y confusión, porque anteriormente me había dicho que no quería alejarse—. Sufriremos los dos.

»"—No quiero que te vayas —protesté.

»"—Pero lo pasaremos mal sin tenernos cerca; no es que quiera hacerlo a decir verdad, pero hay que ser realistas.

»"—Puede que tengas razón. —Tuve que admitirlo—. Ya no quiero pensar en nada, serías el primero y mi vida daría un giro de 180º. Me da miedo comenzar a sentir cosas y que luego te marches; no sé que sucederá después conmigo —le dije preocupado".

—Deberíais seguir teniendo contacto, conoceros poco a poco de la única manera que podéis por ahora, que es por videollamada, y, si alguno de los dos ahorra, podríais viajar y conoceros —aconsejó Olivia.

Me dio la tercera porción de pizza. Me costaba comer mientras le contaba la situación con Leo, pero tenía que hacerlo por más inapetente que estuviese y ella me obligaba.

—Sería lo ideal —admití, con la boca un poco llena.

—Tom, tú puedes hacerlo si quieres y lo sabes.

—Sí, y creo que tengo ganas de hacerlo, aunque también pienso que me aterra el momento de verlo en persona.

—Ya estás de nuevo pensando en cosas en las que aún no tienes que pensar —expresó Olivia.

—¿Cuándo hablasteis por última vez? —preguntó ella.

—Hace dos noches, por videollamada; pero tenemos nuestros WhatsApp y cuando podemos, nos escribimos, nada extenso, pero estamos comunicados.

—¡Eso está bien! —exclamó. Parecía alegre.

—Me gusta y no puedo evitarlo por más que lo intento.

— ¿Por qué quieres evitarlo?

—No lo sé. Aceptación, supongo. No es lo mismo aceptar ver a otras personas que ser yo quien se esté sintiendo atraído por un chico.

—Tienes que aceptarlo, es parte de ti, ya te lo dije, y si no lo aceptas tú primero, es difícil que los demás lo hagan o no te juzguen si es lo que te importa o perturba —explicó Oli.

—Es más mayor que yo —murmuré.

—¿Cuánto más mayor? —preguntó Olivia, no parecía preocuparle en absoluto.

—Tiene veintiséis —respondí.

—¡Vaya!, ¡sí que eres exagerado!, cinco años tampoco son una gran diferencia Lo has dicho como si tuviese cuarenta. —Me reí con el gesto que hizo ella moviendo los ojos—. Tom, eres lo suficientemente grande, maduro e inteligente como para estar torturándote todo el tiempo, malgastas tu energía en ser egoísta contigo mismo en vez de usarla en ser feliz o, al menos, intentarlo. Tú crees que las personas se cruzan en la vida por algo, ¿y si Leo es el amor de tu vida?. Olvídate por un momento de que es un chico, ¿y si estáis hechos el uno para el otro? Daos una oportunidad, intenta conocerlo en persona, si os gustáis y sentís algo, pues genial, y si no, habéis tenido una experiencia más. Habrás hecho un amigo nuevo y lo tendrás como tal, pero no puedes vivir con esa incertidumbre toda tu vida. Tampoco vas a dejarlo ir porque puede que realmente lleguéis a sentir algo fuerte, y antes de que digas algo, porque te conozco, no pienses en lo que pueda decir la gente, primero debes estar seguro de lo que quieres y sientes tú, y él, también.

—¿Por qué me apoyas en todo esto? —le pregunté.

—¿Por qué no hacerlo?, eres mi amigo y no se me ocurre ni un solo motivo que me haga ponerme en contra. Para mí nada va a cambiar, si tú eres feliz con alguien, ¿por qué tengo que ponerme en contra? Solo lo haré si la otra persona te hace mal, sea hombre o mujer. Yo solo quiero verte bien, como tú me has dicho a mí, porque te quiero, estamos en la misma.

—¡Gracias! —le dije.

—Gracias, ¿por qué?, ¿por ser una persona normal, dentro de lo que yo considero *normal*?, ¿por querer ver bien a mi mejor amigo?, ¿por apoyar a la persona que ha estado en los peores momentos de mi vida? Quién soy yo para juzgarte y oponerme a tus sentimientos, quién es el mundo para decir que está mal que te guste una persona del mismo sexo, que eres una *aberración*, y quién es la sociedad o que te dan a ti, para que te preocupe lo que opinen. Toma los consejos que te sirvan de la gente que te quiere, a los de fuera no hay que hacerles caso, y te encontrarás a quien te ponga etiquetas, como lo hacen con todos, porque vivimos en una sociedad donde están *los gays, las lesbianas, los heteros, los estos, y los otros*... Deberían etiquetarse también ellos de idiotas, sin cerebro, frustrados y miles de cosas más, pero no lo hacen, porque creen que ellos son *los normales* y que son los únicos coherentes en la tierra, y seguro que no están satisfechos con su vida y por eso se meten en lo que no les importa.

»La gente no vive feliz y no deja vivir ni ser feliz a nadie, porque todo está bien hasta que tú comienzas a subir, y si ellos llegan a lo más alto contigo, eres genial, pero si ellos ven que subes tú solo, tratan de dañarte para que caigas, y eso es lo que no debes permitir.

»Una última cosa, te deseo de todo corazón que Leo sea una persona maravillosa, al igual que lo eres tú, y me encantaría veros juntos, que os diérais cariño y que lo vuestro durara tanto como tenga que durar; solo te pido que me des el gusto de estar a tu lado siempre y no te alejes de mí».

Escuché cada palabra de Olivia con mucha atención, guardándome cada una de ellas para aplicarla en algún momento. Mis lágrimas volvían a caer con cada cosa que decía, me estaba volviendo sensible o simplemente estaba dejando salir lo que tenía guardado, todo el enfado, la alegría, la tristeza, el orgullo, la confusión, todo lo que hacía tanto tiempo tenía encerrado en mi cabeza y me hacía daño.

NO TE ENAMORES…

Las energías que me rodeaban estaban evolucionando y creo que mi vida estaba cambiando de una manera repentina, al igual que mi modo de sentir, de pensar y de actuar. Estaba comenzando a vivir una nueva etapa, la cual no estaba seguro de si era pasajera o duraría toda la vida. Esa conexión que existía entre Leo y yo cada día iba aumentando, no entendíamos por qué, cómo era posible que a distancia dos personas extrañas pudieran tener sentimientos mutuos. Por mi parte, no comprendía por qué las cosas tenían que ser así y tenía que sentirme atraído por un hombre, si bien me habían parecido guapos en algún momento, me perturbaba la idea de llegar a besar a un chico y ni hablar sobre el resto de las cosas, pero también había sentido la curiosidad varias veces. Todo era muy confuso y creo que es normal cuando comienzas a «salir del armario», un título que ha puesto la sociedad a algo que muchos denominan *anormal*.

Lo extrañaba, y no comprendía cómo era posible eso si nunca habíamos tenido contacto físico. Él me decía, cada día, que no conseguía sacarme de su mente.

»"—Tom, he sufrido una vez por amor, me rompieron el corazón y, al mismo tiempo, perdí a mi mejor amigo. No sé cuál fue el motivo de esa traición, porque ni siquiera están juntos ahora, y, a decir verdad, creo que lo hicieron, porque son mala gente y les gusta jugar con los sentimientos de otros. Desde ese momento, juré tantas veces que no me enamoraría que hasta me lo he creído, y, aunque muchas veces me he dado cuenta de que eso está mal, siento que no quiero a nadie o no soy capaz de volver a sentir algo por alguien, en cuanto a relación amorosa. —explicaba Leo muy serio en una de las videollamadas. Me sentí fatal, la esperanza de conocerlo se desmoronaba poco a poco—. Pero esto se escapa de mi control. En definitiva, no puedo controlar los sentimientos, y créeme, que algo por ti siento, me has demostrado, en este corto tiempo, ser una persona buena, sincera, llena de amor y otras tantas cosas que no se encuentran fácilmente. —Escuchar eso me tranquilizó—. ¿Dónde tengo que firmar? —preguntó riendo—. Te quiero tener junto a mí; es más, no es solo lo que quiero, es lo que necesito. Y además, como tú me has dicho, las personas se cruzan por algo en la vida, así que seguramente tengas razón, me corrijo, la tienes y eso que yo no creo en nada.

»"—No estaría mal comenzar a creer, un poco más, en muchas cosas —aconsejé siendo consciente de que yo hacía caso omiso a esa teoría.

»"—La distancia es algo que me está matando, quiero conocerte en persona y saber, de una vez por todas, qué es lo que me provocas —expresó Leo en un suspiro.

»"—¿Y si no funciona? —le pregunté.

»"—Pues no lo sé —respondió—. No quiero pensar en eso. A veces tengo ganas de decirte que no te enamores, que quizás no soy la persona que crees o la indicada para ti. No comprendo por qué no estás con alguien que esté cerca de donde vives, parece que simplemente quieres que sea yo.

»"—Porque este sentimiento que ha nacido en mí comenzó contigo, no puedo obligarme a ver a otro de igual manera, tampoco creo sentir ganas de estar con alguien más. Leo, no sé qué es, exactamente, lo que va a suceder, tampoco por qué tenemos que pensar tanto y, simplemente, no dejamos que todo fluya como tenga que ser. —Por primera vez estaba intentando creerme lo que decía. Era una manera de no sentirme tan mal conmigo mismo, de no autocastigarme.

»"—Es lo que intento hacer, no pensar ni darle tantas vueltas; pero, de todos modos es raro, no me cabe en la cabeza cómo puede estar pasando esto. No entiendo cómo es posible que te piense a cada rato y sienta esas ganas incontrolables de tenerte cerca, abrazarte y besarte, y me cuesta aceptarlo, y no, por la misma razón que quizás tengas tú (o sea, yo ya tengo claro lo que quiero, lo que me gusta y quién soy), pero me cuesta porque es una situación diferente.

»"—¡Estamos metidos en un rollo que no veas! —le dije riendo; él también se rió.

»"—Pues sí —admitió.

»"—No entiendo por qué dices que tu sonrisa no es como tú quieres: ¡es perfecta, me encanta! —No tenía nada que ver con el tema, pero verlo sonreír me hizo decírselo inconscientemente.

»"—A mí me encantas tú —expresó en un tono entre tierno y cómico—. ¡Ay, *wey*! Ya vale, ¿no? Qué cursis nos estamos poniendo.

»"—A veces no está mal ser un poco cursis aunque, de todas maneras, es extraño.

»"—Tú eres el hombre extraño —me dijo—. Para ti, todo lo es. ¡Bah! No me creas, *wey*. Es broma, no te lo tomes en serio, ¡ja, ja, ja!".

»Leo es muy bromista, divertido y suele reírse bastante, de hecho, le apodé Mr. Risueño, excepto cuando hablamos algo serio, pero, al igual que Olivia, siempre encuentra el momento para romper el hielo y reír o hacer que el otro sonría.

»"—¿Te gusto? —preguntó Leo.
»"—¡Preguntas cada cosa! —respondí.

»"—Y tú evades contestar, ¿qué te cuesta responder?

»"—Pues sí, por algo estoy hablando contigo y todo está pasando de esta manera. Y, ¿yo te gusto? —Yo también tenía que preguntarlo, era lo justo.

»"—¡Obvio!, sí.

»"—Qué respuesta más escueta —me quejé.

»"—¿Qué quieres que te diga? Tú pregunta, que yo te respondo lo quieras, pero creo que te gusta que te digan cositas para alimentar tu ego —comentó Mr. Risueño, me reí junto a él.

»"—A ti no?

»"—¡Has visto! Respondes otra vez con una pregunta, y claro que a todos nos gusta que nos alimenten el ego, aunque tan solo sea un poco.

»"—Eres un payaso, Leonardo.

»"—¿Por qué lo dices?

»"—No lo sé, solo quería decirlo. No habrás hecho una captura de pantalla a mi foto de perfil de WhatsApp o algo similar, ¿no? —pregunté inquieto.

»"—¡No!, para nada —dijo él con ironía, o eso pensé yo.

»"—Y tú te morías de ganas de que te pidiera o te diera el número de móvil, ¿a que sí? —Me miró entrecerrando los ojos.

»"—Bromeas, ¿no?

»"—Yo sé que sí. Es que me amas, *wey* —bromeó.

»"—¡Ya quisieras! Pero confiesa que el que moría de ganas eras tú —le dije.

»"—No lo niego. Es que cuando hacemos las videollamadas siempre es tarde allí y siento que abuso de tus horarios y te desvelas por mí, y si te escribo al móvil, puedo hacerlo a cualquier hora y cuando puedes, lo lees —explicó.

»"—¡No mientas! A veces sientes que quieres escribirme más. Es eso, que me necesitas más cerca.

»"—¡Qué cabrón eres, Tom!, pero para qué negarlo, ¿no?

»"—Igual mola que me escribas más seguido.

»"—Es que te encanto, lo sé. —Se hacía el interesante.

»"—Vaya ego que tienes, seguro que es al revés.

»"—Pues sí, ¿ves cómo yo no niego las cosas?, pero ya está bien de hablar del tema. —Sonreía mirando a un lado.

»"—Es que tú quieres que te ame —continué mientras reía y me hacía un poco el interesante.

»"—¿Y por qué no? —respondió sinceramente.

»"—Vale, mejor sí, dejemos el tema.

»"—¿Por qué eres así? —me preguntó, ya hablaba con cierta seriedad.

»"—¿Cómo soy?

»"—Raro, y me refiero a que eres como una especie en extinción.

»"—Pues no sé qué responder —expresé.

»"—Yo quiero a alguien que esté ahí para mí y que me deje estar también.

»"—¿Qué quieres decir con eso?

»"—Pues que se nota que eres una persona genial, que se preocupa por los demás, y me encantaría eso para mí.

»"—Ah, vale.

»"—Pero es que estás lejos

»"—No será así siempre —dije convencido.

»"—Eso espero, pero ya está bien por hoy, *wey*. Vete a dormir y descansa.

»"—Eso haré, pero no me extrañes.

»"—Ni tú a mí, ¿eh? —repuso.

»"—Vale, vale.

»"—¡No te enamores, *wey*!

»"—¡Venga ya, Leo!, no seas intenso. Mañana hablamos.

»"—Hasta mañana, descansa. Adiós —se despidió".

»Cerré el ordenador y me fui a dormir con esa sonrisa y la sensación de que tenía a alguien a mi lado aunque, en realidad, no era así.

—Me gusta esta historia, es fantástico cómo nace el amor, y, fuera del tonteo, ya que es obvio lo que os estaba pasando a ambos, como dijo él, a todo el mundo le gusta que le digan lo que sienten por ellos, es una manera de subirnos la autoestima, quizás de sentirnos tranquilos sabiendo que a la persona por la cual sientes cosas le pareces atractivo.

Olivia intervino en varias ocasiones más para darme su punto de vista.

Días después volvimos a hablar. Al principio, todo iba normal aunque lo noté un poco extraño; aún así, él nunca perdía su lado gracioso ni la oportunidad de hacer una broma. Cada día que pasaba, yo sentía que mi necesidad de conocerlo aumentaba, obviamente, es que estaba descubriendo cosas y quería saber que le pasaría a mi cuerpo si lo tuviera cerca, y no me refiero a la parte erótica, porque, de hecho, no estaba pensando en eso, sino en poder hablar cara a cara, reírnos juntos, pasar el rato y conocer exactamente las sensaciones que provocábamos el uno en el otro. En algún momento pensé que cabía la posibilidad de que estuviese confundido y que luego me diera cuenta de que solo lo quería como un amigo.

»"—Tom, eres una persona genial. Me caes superbien, pero no dejo de pensar que tenemos que ser un poco realistas.

»"—¿Qué quieres decir con eso? Yo soy realista.

»"—Eres un poco ingenuo —repuso Leo.

»"—¿Ingenuo o inmaduro? —le pregunté algo indignado.

»"—No, *wey*, yo no dije eso. Eres ingenuo —insistió.

»"—Todos lo somos en algún punto —respondí.

»"—Ya, es que no quiero que nos ilusionemos, pues estamos lejos y, obviamente, una relación a distancia no es posible; no, al menos, desde mi punto de vista —explicó.

»"—Claro que no es posible y no tendría sentido —afirmé.

»"—Si estuviésemos cerca, quizás todo sería diferente, aunque la verdad es que, en este momento, me encuentro bien estando soltero y no sé si estoy preparado para una relación.

»"—Nadie ha hablado de tener una relación como tal. Ni siquiera nos conocemos —comenté sin entender qué quería Leo, que un día decía una cosa, y luego cambiaba de parecer.

»"—Es que no creo poder ofrecerte nada más que una amistad. —Al pronunciar esas palabras me sucedió una cosa superextraña, porque ya no tenía ni idea de qué quería decir con eso—. Por eso te dije que no te enamoraras —continuó.

»"—¡Ah!, claro, tengo que tener el poder de controlar mis sentimientos. Además yo no te he dicho que estuviese enamorado en ningún momento, porque no es así, pero, sinceramente, tú has logrado en cierta forma cambiar un pensamiento o manera de sentir que antes quizás no era así.

»"—¡Uff!, es que…, Tom, eres un chico genial, guapo…, pero es que… no sé. —Se llevó las manos a la cabeza y luego se frotó la cara—. Todo es tan extraño.

»"—¡Pero si ni tú sabes lo que quieres! —protesté elevando el tono, porque mi paciencia se agotaba.

»"—Créeme, que sí —contestó—. Seguro que eres tú el que no sabe lo que quiere.

»"—No entiendo por qué sales con todo eso. —Me sentía indignado.

»"—Tú tranquilo, *wey*. No pienses tanto y deja que las cosas se den como tengan que darse".

»Esa respuesta me descolocó por completo y respiré hondo. Cambiamos de tema y continuamos hablando como si nada, pero, por dentro, mi cabeza volvía a ser ese frasco lleno de bichos, llamados pensamientos, revoloteando de un lado a otro. Hablamos como una hora y media más, y decidí irme a dormir, ya que estaba cansado, así que se lo hice saber y me despedí.

»"—De todos modos, no quiero que esto termine; me haces bien, *wey*".

»Me dieron ganas de teletransportarme a México y darle una hostia, pero luego recordé que eso no era posible y me calmé.

»Nos despedimos cordialmente y me fui a dormir, obviamente la cabeza me explotaba. Qué rabia sentía.

—Muchas veces, siento que nos dejamos llevar por emociones momentáneas o reflejos de los sentimientos, fugaces pero intensos a tal punto que, por lo general, nos hacen prometer cosas cuando estamos felices, porque esa sensación de *felicidad* nos ciega y no nos deja ver con cierta realidad lo que sucederá después de dejarnos llevar (es posible que surja arrepentimiento y al otro día pensemos que por qué dijimos, prometimos o hicimos eso), quitándonos del camino del razonamiento lógico y despegándonos los pies de la tierra.

»Solemos responder, cuando estamos enfadados, de una forma de la que luego nos retractamos, pero, aunque creo que el enojo nos hace decir lo que en el fondo sentimos realmente, también nos empuja a actuar por puro instinto, sin pensar en las consecuencias. Por lo general, actuamos, nos equivocamos y luego pensamos.

»Cuando estamos tristes o deprimidos, solemos tomar decisiones incorrectas, por eso la mejor manera de hacerlo es respirar hondo, contar hasta un millón, pensar y luego actuar —reflexióne mientras Olivia permanecía atenta.

—Así es, Tom. Creo que he pasado por esas emociones momentáneas de las que hablas, en las que actuamos según el estado anímico que tengamos en ese instante —Olivia había entendido a lo que me refería y se apenó por tener esos colapsos.

¿SERÁ EL FIN?

Al día siguiente no hablé con Leo, no tenía ganas de escribirle, básicamente sentía decepción. Todo era muy loco, por momentos pensaba que él tenía razón y que yo debía ser más realista, pues él estaba al otro lado del océano, a más de nueve mil kilómetros de distancia. Me preguntó si se puede amar en kilómetros, como me dijo Oli. No sé si era amor, pero algo había, tenía miedo de que todo ese bienestar que sentía al conversar con él se desvaneciera para siempre, que tomara distancia (no física, que obviamente esa ya existía).

Los días pasaban y continuaba sin escribirle, aunque me moría de ganas. Él tampoco lo hacía. Me iba al trabajo y parecía un *zombie*, estaba de mal humor y en mi cabeza solo estaba Leo. Sentía ganas de llorar, pero más fuerte era la rabia que tenía con la vida o conmigo mismo por sentirme así. ¿Por qué tenía que estar sufriendo por un chico cuando debería estar buscando a la mujer de mi vida? Aunque mis pensamientos eran contradictorios, sabía que él me hacía bien y no quería otra cosa; bueno, sí, quería viajar a México para verlo.

En una conversación que tuve con Leo sobre los abrazos, comparó los que ha tenido con hombres y con mujeres. Dijo que los de las mujeres son geniales, pero que abrazarse con otro chico lo supera, que la fuerza del hombre, con cariño o amor, manifestada en un abrazo es algo inexplicable e incomparable. Por un momento me imaginé a dos hombres estrujados en un abrazo; quería sentir esa fuerza.

Una tarde tuve la sensación de que él estaba mal y decidí escribirle:

»"TOM
No sé por qué te escribo, pero ¿estás bien?"

»Luego de mandar el mensaje me arrepentí, pero ya era tarde.
»"LEO
¡Ey!, ¿qué tal?
¿Por qué desapareciste, *wey*?
»"TOM
Es que no sé, estaba un poco atareado.
Y, al mismo tiempo, no quería estorbar".

»Mentí.

»"LEO
Ya te dije que me caes genial y no me molestas para nada.
Estoy bien, y ¿tú?".

»Respondió con un emoticono sonriente y otro sonrojado.

»"TOM
¡Me alegro! Yo, bien".

»La manera de hablar se había tornado distante, ya no era como al principio, yo sentía el pecho oprimido, él se mostraba indiferente y eso me angustiaba más. Me preguntaba si todo lo que me había dicho era verdad o si yo le daba igual y solo quería divertirse. He llegado a pensar que él se convirtió en una persona fría después de ser decepcionado y engañado, que lo que hace es jugar con las personas, enamorarlas o hacer que sientan algo y luego demostrar ese desinterés que a muchos les hace daño. Me gustaría poder hacer algo para lograr cambiar su manera de pensar y también que se diera cuenta de sus sentimientos, aunque quizá eso me perjudique, porque puede que no sienta nada por mí. Entonces, no sé cómo me tomaría eso; bueno, creo que sí lo sé.

La angustia me llevó a sentir que lo extrañaba, y, al mismo tiempo, a no tener ganas de hablar con él para evitar sentir más cosas; los sentimientos comenzaban a mezclarse una vez más, quería verlo, y, a su vez, deseaba no haberlo conocido. Al parecer todo estaba llegando a su fin, me sentía impotente por no poder hacer nada para cambiar eso, no quería perderlo. El pecho me volvía a arder, pero esta vez de angustia, no conseguí contener las lágrimas y lloré como jamás pensé q lo haría, de hecho, fue diferente. Mi cuerpo lo experimentaba de otra manera, solo me daban ganas de tirarme en la cama y mirar el techo durante días, no tenía sentido quizás, porque él no me había dicho que le dejara de hablar ni nada, pero el saber que no tenía interés en mí más que como amigo me hundió. En ese momento lo pasé mal, pero ahora me doy cuenta de que parecía exagerado, típico de un personaje de novela.

Pasados algunos días, y con muy poco diálogo entre nosotros, me senté frente al ordenador y comencé a escribir este texto para desahogarme, como dije al inicio, por eso os cuento lo que hablaba con Olivia, porque en definitiva era como mi psicóloga. No soy escritor y tampoco estaba seguro de que sirviera de algo lo que estaba haciendo, y, aunque todo fuera sobre nuestra historia, era una forma de no pensar tanto en él directamente o en lo que pudiese suceder en un futuro.

¿Será el fin?, ¿qué pasará por su cabeza?, ¿qué siente realmente?, esas preguntas rondaban continuamente en mi cabeza. ¿Estaba enamorándome?

¡Uff!, ¿por qué hay que pensar tanto? Continuamente, el ser humano lo cuestiona todo, por más fuerte que uno sea e intente controlarse. Al menos es lo que pienso sobre las personas inseguras (son las que más se cuestionan todo, en mi opinión) o las que han sufrido, aquellas que continuamente tienen miedo, porque, en definitiva, es eso, no sabemos qué es lo que va a pasar y suponemos de una manera negativa, la cual nos hace tener ese sentimiento que nos ciega sin dejar ver con claridad cómo son las cosas en realidad. *Miedo*, qué palabra tan fuerte.

En aquel entonces, estuvimos un mes sin hablar demasiado y cuando lo hacíamos, era sobre temas cotidianos y banales. Por mi parte, aproveché para contactar con una editorial para que me imprimieran unos ejemplares de mi historia y tenerla como recuerdo, también podía haber ido a una simple imprenta, pero quería que además me corrigieran el texto para que quedara un recuerdo bien logrado. También pensé que sería mejor que fuesen varios ejemplares y así mandarle uno a Leo y regalar el resto a la gente allegada.

No tuve una respuesta inmediata de la editorial, por lo que desistí de ello, y también tomé la decisión de volver a mi vida de antes de conocer a Leo. Evitaba pensar en él y cuando los pensamientos intentaban molestarme, luchaba contra ellos para expulsarlos y hacer como si todo estuviera bien y toda la historia no fuera más que el contenido de ese libro que estaba escribiendo. Al menos, convenciéndome de eso, podría creérmelo en algún momento y llevar la situación de una manera más tranquila.

Leo existía y había aparecido por algo que yo no sabía, tenía que aceptar que la vida lo había puesto en mi camino y no iba a ser yo quien lo quitara mientras ella estuviese empecinada en dejarlo ahí. Pude asumir que me gustaba un chico, y no solo eso, también que comenzaba a sentir cosas fuertes. Por lo menos, aprendí algo, así que no me quedaba otra opción que esperar que el tiempo pasara y mostrara como tenían que ser las cosas, ya que, en definitiva, es el único sabio.

El mundo no está cambiando… Es el tiempo el que nos muestra los resultados provocados por la arrogancia del ser humano.

Fede Jara

UNA OPORTUNIDAD…

Tan sabio es el tiempo que me dio una bofetada… No tardó demasiado en escribirme de nuevo, continuamos hablando, incluso se mostraba un poco más cercano que las últimas veces. De todas maneras, intenté controlar mis sentimientos o, al menos, no ilusionarme, mejor dicho, no pensar tanto en cosas que luego me generaran confusión.

Junto a eso, llegó también un mensaje de la editorial que respondía a mis preguntas; les mandé mi historia terminada, me dijeron que la leerían y me dirían el presupuesto para corregirla y editarla. Solo dos días después, me llamó una chica, la editora a la que habían destinado mi obra, que me comentó el coste de mi pedido, pero también me dijo que ella había quedado atrapada con la historia y que la compartió con colegas de la editorial, así que decidieron darme la oportunidad de publicarla, ya que era un material muy interesante que, por su experiencia en el gremio, creían que iba a tener éxito, pues trataba de una historia juvenil y en estos tiempos los adolescentes leen mucho y, sobre todo, ese tipo de historias que los conmueven. La verdad es que no había pensado en publicarla, simplemente, comencé a escribir a modo terapia, aunque, obviamente, la idea me parecía fantástica y me hacía mucha ilusión.

—El proceso para publicar el libro es el siguiente: leemos y analizamos el material, luego pasa al sector de corrección, donde, obviamente, se encargan de arreglar los detalles de narración, ortografía, estilo, etc., más tarde la maquetación del libro y por último el diseño de la portada, en la que trabajaremos junto a ti, y todo lo necesario para que sea un libro físico en excelentes condiciones. Para terminar, se lleva a la imprenta y se arman los libros que saldrán a la venta. Para tu tranquilidad, nos encargamos de todo el depósito legal y distribución en las librerías asociadas a nuestra editorial. Te aseguro que siempre estaremos en contacto contigo y te consultaremos siempre antes de tomar desiciones, al igual que tú puedes contactar con nosotros si quieres cambiar algo —explicó muy amable la mujer.

—Me parece genial, comprendo perfectamente todo —respondí. Estaba entusiasmado.

Nos mantuvimos en contacto, acordamos la forma de pago y todo el proceso comenzó su camino. Cuando suceden cosas así, cuesta creerlo. Para mí es muy importante tener una nueva meta en mi vida, una que tanto había querido, pero jamás había pensado que sería con esta historia. Me mantenía al tanto todo el tiempo sobre cómo iban los detalles. Mis ansias eran cada día mayores, pero no caía en la cuenta de que estaba a punto de decirle a mucha gente lo que sentía, cuál había sido mi experiencia y quizás dejarles un mensaje o enseñanza. Básicamente, me estaba abriendo ante muchas personas.

—El libro ya está listo para salir al mercado. —Fue la noticia emotiva que me dio la editora en una llamada—. Te hemos enviado una caja con veinticinco ejemplares para que tú regales —dijo. Ese detalle no me lo esperaba, creía que me mandarían dos o tres, pero no, tantos.

Las emociones me invadieron como nunca antes y quise compartí ese logro con Olivia, mi familia y, obviamente, con Leo. Mi mejor amiga estuvo a mi lado en todo momento, además, se convirtió en una de mis lectoras de cabecera cuando le dije que iban a publicarlo. Leo, por su parte, se alegró enormemente o, al menos, eso decía, y aunque no le había dado ni un capítulo para leer, en algún momento, le haría llegar su ejemplar.

Exactamente a los veinticinco días laborables de iniciar el trabajo, me llegó una caja con los ejemplares; fue increíble tener en mis manos un libro hecho por mí, una sensación de orgullo inmenso. Al día siguiente, salía a la venta, fue un momento crucial que marcaba el inicio de algo que yo creía grande.

Las siguientes semanas, estuve a la expectativa de lo que sucedería con la venta y, para mi sorpresa, fue excelente, tuvo una repercusión mayor de la que esperaba. La editora se mantenía en contacto conmigo; sinceramente, una profesional de primera, además de carismática.

—¡Tom!, ¿cómo estás? —Era Débora, la editora, que me llamaba por teléfono.

—Muy bien. ¿Y tú?

—Me alegra. Yo estoy perfectamente. Te llamo para darte una buena noticia —informó muy contenta.

—Tú dirás.

—Hemos mandado tu libro al mercado colombiano, argentino y mexicano, ya que en esos países tenemos empresas asociadas a la nuestra, y ha tenido mucho éxito —comentó.

—Sí, lo he visto en los informes que me hiciste llegar — comenté riendo— y me sorprendió de manera muy positiva.

—Pues sí, la verdad es que es fantástico, estamos muy felices de que hayas aceptado trabajar con nosotros, porque la historia es genial —reconoció.

—También estoy contento de trabajar con vosotros, os habéis portado de maravilla en cada momento.

—Muchas gracias. Te llamaba, principalmente, para comunicarte que las librerías de México y Argentina quieren que vayas a hacer firmas de libros y conferencias, ya que han tenido un nivel de ventas increíble. —Esa noticia me dejó helado, no me lo podía creer—. Solo con la confirmación de tu presencia, ellos se encargarán de todo, del billete de avión, de la estancia, del sitio donde se haga la conferencia o la entrevista, de la firma de libros y de toda la publicidad para que los lectores vayan, que, según creo, serán muchos.

—¡Estoy alucinando! No me imaginaba tanto —confesé—. Obviamente, puedes confirmar mi asistencia.

—Perfecto, sabía que podía contar contigo, y ya te llamaré para informarte de todo con detalle sobre el viaje.

—Genial, te lo agradezco enormemente.

Al finalizar la llamada, solo me tumbé en mi cama a mirar el techo y, en ese momento, fue cuando aparecieron los pensamientos en mi cabeza nuevamente, volando de un lado a otro, pero, esta vez, de una forma diferente, positiva. Me emocioné, no lo niego, era como si la vida me estuviese recompensando de una manera increíble. Aquel sueño que tuve y no recordaba exactamente qué era lo estaba viviendo, lo supe, porque se presentó como un *déjà vu* que me llevó a acordarme de esa noche. Al final de todo, es verdad que el tiempo te muestra los resultados de cada acción, que los sueños se cumplen, que las metas que uno se pone se pueden conseguir siempre que se luche por ellas.

Esa misma noche, Leo me hizo una videollamada por WhatsApp para preguntarme qué tal estaba y cómo iba todo. Era como si supiera que tenía algo para contarle.

—No vas a creer lo que tengo que contarte —le dije.

—Pues adelante, cuéntame.

—Me ha llamado hoy Débora, la editora, para decirme que mi libro está en el mercado argentino, mexicano y colombiano, y que las ventas han sido muy buenas. —Por un momento, en cuanto caí en la cuenta de que mi obra estaba en el país de

Leo, pensé que quizás había comprado el libro, pero no dije nada.

—¡Eso es genial! No sabía que estaba aquí en México —confesó, y la duda de si lo tenía o no, ya me la había aclarado.

—Ni yo. Me lo han dicho hoy, porque, además, las editoriales asociadas a la que trabaja conmigo aquí han propuesto que fuera allí para hacer conferencias y firmas de libros, tanto en Argentina como en México.

—¿Me imagino que has aceptado la propuesta? —preguntó Leo con tono de convicción, seguro que daba por hecho que había dicho que sí.

—Pues dije que a Argentina si iría, pero que a México, no —mentí.

—¡Qué dices, *wey*! ¿Por qué no vienes? Tienes que hacerlo —exigió un tanto molesto.

—Ah, ¿sí?, ¿porque tú lo digas? —protesté.

—Sí, bueno… —comentó riendo—, pero, *wey*, esto es una oportunidad.

—¿Oportunidad de qué?

—¡De conocernos! —confesó y se me llenó el pecho de emoción, pero lo disimulé.

—¿Realmente quieres eso?

— ¡Claro! —afirmó.

—Mira, en realidad, ya confirmé mi asistencia a ambos países, obviamente, es una gran oportunidad para mí de conocer otros sitios y de que mi libro llegue a más personas, pero, a veces, no te entiendo, un día me dices que soy importante para ti, que te hago bien, y luego me dices que no estás listo para una relación seria, que no quieres que me enamore ni nada de eso, y ahora quieres que vaya para conocerte.

—Es verdad, tienes toda la razón, y, que te haya dicho eso, no significa que no sienta cosas por ti, solo que trato de evitarlo o no demostrarlo por algún motivo que, a veces, ni yo entiendo. —Las palabras de Leo me dieron ganas de abrazarlo.

—Yo iré, pero ya veremos que sucede, si nos conocemos o no. —Soné un poco indiferente al decir eso, aunque, obviamente, me moría de ganas de verlo.

—Pues sí, pero estoy seguro de que esta es una oportunidad que no se puede desaprovechar —insistió él muy convencido.

Yo no supe que más decir sobre el tema, hablamos de otras cosas hasta que decidí ir a descansar.

Muchas veces, y creo que nos pasa a todos, los minutos antes de dormirnos los dedicamos a imaginar cosas que nos gustan, otras tantas a martillarnos la cabeza con cosas negativas, pero eso lo dejamos de lado ahora. Me acosté y me dormí pensando o, mejor dicho, imaginando ese encuentro con Leo, muchas ideas volaban por mi mente, pero lo que siempre estaba presente era su sonrisa, y a mí me llenaba el alma de una fresca energía.

¿Y AHORA QUÉ?

En general, me cuesta entender un poco los pensamientos de Leo e incluso me gustaría saber qué es lo que él siente o quiere con todo esto. De todas maneras, intento no machacarme pensando cosas que no debo y, como dice él, dejo que el tiempo pase para ver cómo se da todo. No obstante, lo último que me había dicho cuando le conté sobre el viaje me hizo pensar sin querer en él. ¿Por qué ese interés repentino por conocerme?, quizás queda feo por mi parte pensar esto, pero me pregunto si no será el interés solo porque mi libro está teniendo éxito. Quizás suene un tanto presuntuoso, pero él me había dicho que no quería una relación seria y que estaba bien solo, aunque también es verdad que me dijo que, si un día cuadraba lo de conocernos, bienvenido sería. Lo mejor era dejar de darle vueltas al asunto, porque no me llevaba a nada bueno. Si el destino quería que nos encontráramos, así sería, solo había que tener paciencia y hacer lo que a nadie le gusta, esperar.

A los quince días de haberme comunicado lo del viaje, comencé a preparar la maleta, puesto que, al día siguiente, iniciaba la aventura. Primero viajaría a Argentina, pasando por Buenos Aires y luego a otras provincias principales, creo que serían cuatro o cinco en total. De allí, a Ciudad de México y a otros sitios más.

Toda aquella situación era extraña, no era un viaje de vacaciones como los que había hecho hasta el momento, era algo totalmente diferente, se trataba de una historia sobre mi vida, mensajes, aprendizajes, sentimientos y otras tantas cosas que dejaron de ser mías y pasaron a ser parte de cada uno de los lectores. A partir de que el libro salió a la venta, sentía muchas ansias de saber qué opinaba la gente de la historia, y, esta vez, no era por el famoso *que dirán*, sino todo lo contrario, por sus críticas constructivas, ver sus emociones, las que fueran, pero sentirme conectado con ellos por unas horas.

A la mañana siguiente, un coche llegó a la puerta de mi casa a recogerme para llevarme al aeropuerto, en el venía Débora, la editora, viajaría conmigo para ayudarme con cada cosa, a organizarlo todo.

—¿Emocionado? —preguntó al tiempo que me saludaba con dos besos.

—Muy nervioso, ansioso y todo junto —confesé.

—Te diría que no te pusieras así, pero solo te diré que todo saldrá bien, disfruta todas las emociones que tengas, que son las que te quedarán como experiencias —Me dio un abrazo y subimos al coche, el chófer no tardó en cargar las maletas.

Al emprender el camino, mi casa, mi vecindario y la ciudad se iban alejando rápidamente, aún no caía en la cuenta al cien por cien de que comenzaba algo nuevo que podría cambiarme la vida y que, por cierto, ya lo estaba haciendo a pasos agigantados.

Al llegar al aeropuerto, cogimos un vuelo hasta Madrid, donde haríamos escala y desde allí volaríamos rumbo a Buenos aires, (Argentina); un viaje largo de casi trece horas, sumadas a las dos horas de vuelo que nos llevó ir a Madrid y cuatro de espera en el aeropuerto de Barajas. De todas maneras, tenía el resto del día libre al llegar y al siguiente, también, lo cual fue fantástico, porque, como ya conocía Buenos Aires, aproveché para ir a ver a una amiga. Llamé a su madre y le dije que quería visitarla, su mamá tan amable como siempre la llevó hasta donde estaba yo sin decirle a dónde iban. Al llegar a la puerta del hotel donde me estaba hospedando, me llamó y solo me dijo que estaban ya allí, así que bajé inmediatamente con el primer ejemplar del libro que saqué de la caja. Ella estaba sentada de espaldas a la puerta del hotel, y eso me facilitó que la sorpresa fuese mejor.

—¡Nora! —le dije. Ella se dio vuelta y se levantó tan rápido como pudo, corrió hasta donde estaba sin pronunciar palabra alguna, saltó sobre mí y se colgó como si fuese un koala.

—¡Tom!, no puedo creer que estes acá —dijo entre lágrimas con su acento argentino, que aunque mi castellano no fuese nativo lograba distinguir los acentos.

—Pues aquí me tienes. —Se bajó, pero nos mantuvimos abrazados, no pude contener las lágrimas, me despegué un poco para secarle las suyas—. ¡Qué guapa estás! —A pesar de que habían pasado algunos años desde que nos vimos por última vez y que había crecido, tenía esa cara angelical tan característica de ella, lloraba y sonreía al mismo tiempo. Eso la hacía aún más especial—. He venido a presentar mi libro, recuerda que te había dicho que lo publicarían aquí —comenté—, solo que no quería avisarte de que vendría, así te daba la sorpresa.

—Siempre has dicho que si venías, no me avisarías. ¡Qué malo eres, *chabón*! —me dijo riendo y secándose las lágrimas—. Igual confieso que estuve a punto de comprar el libro cuando lo vi en la librería, pero como dijiste que me lo mandarías, me aguanté.

—Qué mejor que dártelo en persona. —Extendí la mano dandole un ejemplar.

—¡Oh!, qué emoción —exclamó, lo tomó en sus manos y luego me abrazó—. Pero te lo voy a comprar, y no es pregunta. —Miré a Débora y le hice un gesto para que hablara.

—Esa edición es especial y no está permitida la venta —expresó muy seria; era mi cómplice.

—Eso es, si lo dice ella que es la editora, hay que hacerle caso —me excusé. Nora esbozó su hermosa sonrisa blanca y abrió el libro.

—Tom, quiero que me lo firmes.

—¡Vale!, será mi primer libro firmado. —Débora me dio un boli y me acomodé en un banco que había cerca.

La vida es tan grande y tan corta al mismo tiempo…, pero en ese viaje aparecen experiencias que nos llevamos a donde sea que vayamos luego. Puede que el día menos pensado se ponga en tu camino una persona que al inicio solo tenga algo en común contigo, pero que luego te des cuenta de que esos caminos se juntan para nunca separarse, y, en este caso, la vida ha puesto en mi camino a un ser lleno de cosas buenas e inexplicables, lo cual agradeceré eternamente. Y a ti, NORA, te doy gracias por querer seguir en este camino de la vida que se llama amistad, que aunque la distancia nos separe, sabemos que solo es un obstáculo físico, que en mi mente estás cada día y que te quiero mucho más que esos kilómetros que nos separan. Espero que disfrutes esta historia tanto como yo disfruté escribiéndola.

Gracias por tu apoyo incondicional y por ser mi lectora de cabecera.

Te quiere incondicionalmente, tu amigo Tom.

Acabé de escribir y se lo entregué; ella lo leyó enseguida, me abrazó y me dijo que estaba ansiosa por leerlo de nuevo.

En los días siguientes tocaba ir a las conferencias y firmas de libros. Hablé con la madre de Nora para que la dejara ir conmigo a las diferentes provincias, y su madre y su hermano me acompañaron también en todo el recorrido, el cual fue genial. Durante breves instantes cuando llegaba al sitio de las firmas de libros, pensaba que no iba a ir mucha gente, pero, nuevamente, para mi sorpresa, había muchos adolescentes, también adultos; jamás imaginé que tantas personas se interesaran por mi historia, sobre por todo la diversidad de edades, pero fue magnífico.

—«Me encanta tu historia, me sentí identificado, quiero un amor como el tuyo, me encanta como escribes», me dijeron los lectores. Eran algunos de los muchos halagos que me llenaron de emoción. Traté de dedicarles un tiempo a cada uno que se acercaba. No hay nada más gratificante que las palabras de ellos.

Al finalizar el recorrido por las diferentes provincias de Argentina, tocaba partir rumbo a México, aunque, antes de eso, fuimos a cenar con Nora y su familia, ya que no volveríamos a vernos por un tiempo. Tanto ella como los lectores me hicieron muchos regalos, los cuales puse en una maleta pequeña que había comprado el día antes.

—Espero verte pronto —me dijo Nora—. ¿Cómo sigue todo?, ¿verás a Leo? —me preguntó con una sonrisa curiosa.
—Pues no lo sé a ciencia cierta. Te lo contaré todo, tú tranquila. De todos modos, lee los últimos capítulos del libro, que fueron los que no pudiste leer.
—Los leeré, obvio. Sé que el libro habla de tu historia con él, pero ¿qué tiene que ver con tu encuentro con Leo? Ahora viajas a México, por lo que lo verás, ¿verdad?
—Tú, lee —no dije más.
—A saber qué te traes entre manos. —Se frotó la barbilla y frunció el ceño.

Las horas pasaron, llegó el momento de otra despedida con mi amiga, una adolescente llena de luz, carismática, buena, alegre e inteligente. Nos prometimos volver a vernos y continuar cada día con esa amistad tan linda que teníamos y tenemos.

Fueron con nosotros al aeropuerto y allí emprendimos viaje a la Ciudad de México. Esta vez las emociones eran un poco más fuertes, estaría pisando la tierra del chico que había robado mi corazón en poco tiempo, pero, aunque eso era lindo, me atormentaba la duda de si llegaría a conocerlo realmente o quizás esa no era la oportunidad de la que habíamos hablado. No tenía ni la más mínima idea de dónde vivía Leo. En un país tan grande y desconociendo en que ciudad vivía, era complicado averiguarlo. Al llegar, podría llamarle y tratar de coordinar los tiempos de manera que pudiera llegar hasta él, pero decidí no pensar y dedicar el vuelo a dormir, para evitar que mi cabeza se convirtiera una vez más en ese frasco lleno de bichos revoloteando.

De todas maneras, no logré dormir mucho, descansé lo necesario, porque estuvimos comentando muchas cosas sobre la experiencia en Argentina, también hablamos sobre el futuro del libro, sobre si escribiría una segunda parte o si ya tenía pensado trabajar en otra obra. Quizás era muy pronto para estar seguro de algo, pero comenzaba a plantearme la idea de publicar alguna otra historia diferente.

El vuelo a Ciudad de México se me hizo bastante corto, pese a que eran casi once horas. Llegamos al aeropuerto, pasamos los controles rutinarios y salimos a la calle, allí nos esperaba el *transfer* que nos llevaría al hotel. Yo me hice una foto con el nombre del aeropuerto y se la mandé a Leo por WhatsApp, pero como no tenía cobertura de datos, no se enviaría hasta llegar al hotel y conectarme al wifi.

Una anécdota muy linda fue la llegada al hotel donde la recepcionista, una chica de unos veinte años, me reconoció. Primero me dio la bienvenida como lo hacen con todos los huéspedes, aunque la notaba un poco emocionada, y no entendía por qué. Débora se encargó del *check in* con otro chico que había en la recepción.

—Señor, con todo respeto quiero felicitarlo por su libro. Lo he leído y no puedo creer que este aquí ahora mismo —comentó Lola, que así se presentó de alegre.

—Muchas gracias, puedes llamarme Tom —comenté riendo, porque lo de señor me hizo gracia.

—Disculpe, no quería ofenderle. —Parecía temer al dirigirse a mí.

—Tranquila, no me has ofendido, al contrario, solo lo dije, porque no tienes que llamarme señor, soy una persona como tú. Aunque te doy mi enhorabuena por tu servicio y agradezco tu educación, tienes mi confianza para llamarme Tom. —Me aparté un momento, abrí la maleta más pequeña, saqué uno de los ejemplares que tenía, lo firmé y me acerqué de nuevo para dárselo.

—No sé si lo tienes ya, pero, de todos modos, te quiero regalar este, que lo he firmado y le he puesto una pequeña dedicatoria para ti.

—¡Muchas gracias! —Se emocionó y algunas lágrimas se le escurrieron. Le di un abrazo—. ¡Eres genial, Tom!

—Tú lo eres —corregí—. Podemos hacernos una foto, así la subo a mi Instagram, y si quieres, me pasas el tuyo y te sigo para etiquetarte, si te parece.

—Eso sería increíble —aceptó.

Nos acomodamos y otro compañero que pasaba por ahí nos tomó una foto en la que ella enseñaba el ejemplar. Seguí a Lola en la red social y subí la foto etiquetándola, luego me despedí de ella y subí a la habitación a descansar. A Débora le tocó en el segundo piso y a mí, en el tercero. Lo primero que hice al llegar a la habitación fue conectar el móvil para cargar su batería, ducharme y tumbarme en la cama a descansar.

LEO

¡No *manches*, *wey*, qué *chido* que ya estés en mi país!

TOM

¡Ya ves!, me hace ilusión conocerlo.

Por suerte mañana tengo el día libre y pasado, también. Así puedo recorrer Ciudad de México un poco.

De todas maneras ahora aprovecharé para descansar.

LEO
Me alegra mucho, wey.
Sí, aprovecha para descansar y si quieres, hablamos por la no-che.
TOM
Vale, Leo. Gracias.
Cuando me despierte, te hablo.

No hice nada por seguir hablando y preguntarle dónde vivía, porque estaba cansado. Sé que otra persona en mi lugar no se habría ido a dormir.

LEO
¡Genial!
Qué descanses.

Estuve casi una hora en la bañera, me quedé dormido allí sen-tado y tan a gusto, sumergido con el agua caliente hasta el cuello, pero luego me fui a la cama, vi algunos comentarios de la foto de Instagram, muchos me gusta de lectores mexicanos y comenta-rios de bienvenida. No pude dormirme nuevamente, así que lue-go de unas horas hablé con Débora para ir a cenar, ella tampoco había conseguido dormir mucho, por lo que, seguramente, en la noche descansaríamos bien.

Durante la cena, le escribí a Leo para decirle que estaba des-pierto. Tenía ganas de hablar con él, obviamente, más aún, de ver-lo, pero no quería agobiarlo. Aunque también tenía presente que no estaría mucho tiempo en su país y eso me preocupaba, porque quizás no lo llegaría a conocer, no era una idea agradable, pero no podía presionar ni apresurar las cosas, ni tampoco tardar en pre-guntarle donde vivía. Así que otra vez tenía la cabeza hecha un lío.

Leo no respondió esa noche, tampoco estaba seguro de si ha-bía visto el mensaje, porque yo tenía desactivada la confirmación de lectura. Lo curioso era que en su estado ponía que estaba de viaje, con banderitas de varios países. No había comentado nada acerca de que viajaría, obviamente me fastidió bastante, porque yo había viajado hasta México y si tanto le emocionaba la idea de vernos, así perdíamos la oportunidad. Por el momento, lo dejé pasar, a la mañana siguiente intentaría averiguar sobre el tema, una vez que estuviese en línea y me respondiese.

Por ende, opté por dejar el móvil de lado y disfrutar la cena. La noche era calurosa, según los chicos del hotel, estaban teniendo días con temperaturas altas. Invité a los chicos de la recepción a tomar un mojito bien frío cuando acabaran su horario de trabajo. Y eso hicimos, fueron muy simpáticos, charlamos unas cuantas horas, uno de ellos contaba unos chistes buenísimos (contar chistes es un don, yo no sé contarlos, y la gente que tiene esa capacidad da igual como los cuente, que hace reír).

Sobre las once de la noche, nos despedimos de los chicos. Débora y yo nos fuimos a las habitaciones, quedamos en despertarnos a las nueve de la mañana, de esa manera, dormiríamos un poco más, pero, al mismo tiempo, nos levantábamos pronto para salir a recorrer la ciudad; me duché para quitarme un poco el calor que tenía, encendí el aire acondicionado a potencia mínima para mantener fresca la habitación, me acosté solo en calzoncillos, como de costumbre, y no tardé casi nada en dormirme, estaba muy cansado.

Por un momento, sentí como si hubiera alguien en la habitación, pero estaba dormido y aunque estaba soñando, era consciente de que pasaba algo. Pero luego me di cuenta de que me había despertado, no sabía qué hora era, y como estaba de espaldas a la puerta, me preocupé un instante, pero no hice caso y volví a dormirme un buen rato o eso suponía (generalmente cuando voy a hoteles uso los antifaces que te dan para dormir). Después sentí que alguien me daba un beso en la mejilla, eso me hizo despertar al cien por cien, pero no moví ni un pelo. Recién despierto, supuse que había sido una reacción a lo que podría estar soñando, ya que muchas veces no nos acordamos, pero nos despierta un movimiento brusco de alguna parte de nuestro cuerpo. Al momento, cuando intenté dormir nuevamente, sentí una caricia en mi brazo que me puso los pelos de punta, pero, al mismo tiempo, sentí que conocía esa mano.

—¡Buen día!, ya es hora de levantarse, ¿no, wey? —En ese momento pensé que estaba soñando y seguí *durmiendo*.

—¡Anda, levántate! —repitió muy dulcemente.

Y no pude aguantarme, me destapé los ojos y me di vuelta. Allí estaba él con su sonrisa de oreja a oreja, se había apartado un poco para dejarme espacio, y permanecía sentado en la cama a mi lado.

—Esto no puede ser real, es un sueño —dije mientras me frotaba los ojos.

—No es un sueño, Tom. Aquí estoy —confirmó Leo. Me llevé una mano a la cabeza; no me lo podía creer.

—¿Qué haces aquí? —No se me había ocurrido algo más original que preguntar.

—¿No crees que es obvio? Te vine a ver —comentó.

—Pero ¿cómo supiste dónde estaba?

—En resumen: tú subiste una foto con la chica de recepción y la vi enseguida. Porque sí, miro tu Instagram siempre, entonces vi qué hotel era, ya que además tenías activada la ubicación y aparece en la foto. Entonces hablé con la chica y lo arreglé con ella para que me dejara entrar a tu habitación. Ella vio que el único Leo que le había dado a me gusta en la foto era yo, y aunque me costó mucho convencerla para que me dejara entrar, lo logré. Después cogí un vuelo desde mi ciudad y llegué sobre las tres de la madrugada, Me estoy hospedando en este mismo hotel, pero, obviamente, voy a necesitar que luego le confirmes a la chica que sí soy *tu Leo*.

Soy tu Leo: esas pocas palabras estaban tan llenas de sentimiento que sonaban una y otra vez en mi cabeza.

—¡Qué loco todo!, estoy que no me lo creo. Sí, luego bajamos y se lo digo para que se quede tranquila —prometí.

—Genial —me agradeció, me miró, sonrió y me abrazó sin decir una palabra. Estuvimos tumbados unos cuantos minutos en la cama abrazados, y él se despegó un poco, me miró y sonrió.

—No me mires tanto, que me intimidas —le dije. Sentí calor en mi rostro.

—Eres muy guapo —me halagó.

—¡Oh!, sí, claro. Sobre todo en este momento que acabo de despertarme y ni la cara me he lavado. El más guapo del mundo —le respondí irónicamente mientras reía.

—Eso es lo de menos, créeme —repuso.

—Seguramente, lo dices para alimentar mi ego.

—¡Mmm!, puede que tengas algo de razón. —Sonrió.

Yo estaba flipando, no daba crédito, lo tenía frente a mí. Su sonrisa me acababa de enamorar, su perfume era tal como lo imaginaba, sus manos eran una cosa extraña, porque eran suaves pero rudas al mismo tiempo, no sé como explicarlo, pero era genial. Una experiencia diferente a lo que había vivido antes, las sensaciones también eran distintas y el abrazo, como me había dicho él, estaba lejos de parecerse al de una chica, y no lo digo por menospreciar, pero la fuerza física o energética desbordaban mi ser.

—Al final te decidiste y se cumplió nuestro deseo —le dije.

—Pues sí, quería conocerte, tenía que verte y estaba dentro de mis posibilidades viajar hasta aquí, y quizás no tanto hasta Escocia —explicó—. No te molesta, ¿o sí? Te dije que estaba bien solo, de momento, no que en un futuro no quisiera estarlo; además hay que esperar a que las cosas se vayan dando.

—Ya, pero es que de pronto cuando te dije que venía, tu interés despertó un poco —repuse.

—Pues normal, *wey*. Te tendría mas cerca y te podría conocer, que es lo que quería, y no creas, porque seguro que lo has pensado, que porque ahora publiques tu libro me interesas. —Obviamente, lo había pensado, pero lo negué—. Tom, me da igual por el motivo que estés aquí, solo sé que estás y te tengo cerca, entonces no quería ilusionarme ni enamorarme, porque quizás nunca te vería y podría sufrir, algo que no quería obviamente. Pero si así ha sucedido todo, tendré que aceptarlo. Hace un tiempo que comencé a notar que me estaba enamorando y ahora, en este momento, te confirmo que así es; no sé por qué y tampoco me había pasado antes de esta forma ni con esta intensidad, pero tengo que aceptarlo, aunque también tengo claro que tendrás que volver a Escocia.

—Nunca pensé que me dirías todo eso ni que sintieras esas cosas —admití, suspiré y le di un abrazo.

—¡No quiero perderte, wey!, te quiero demasiado.

—Tampoco quiero perderte. Yo también te quiero a ti. —Una sensación fugaz de angustia recorrió mi pecho, pero solo quería disfrutar el momento, así que hice caso omiso a ella.

—¿Y ahora qué, wey?, ¿como continuará todo esto? —preguntó un tanto afligido.

—Pues de momento no lo sé, yo estaré casi quince días aquí. Sé que tienes que trabajar y demás, pero, bueno, ya hablaremos y arreglaremos las cosas.

—Me he tomado cuatro días libres; si quieres, puedo quedarme contigo —comentó.

—¡Claro, sería genial! —afirmé—. Dame cinco minutos que me ducho y me visto.

—Vale —aceptó, me levanté de la cama y me fui al baño.

—Si necesitas ayuda, me lo dices —dijo Leo.

Me acerqué a la puerta del baño y le dije:

—¡Ya quisieras! Te lo agradezco, pero puedo solo. —Sonreí y me volví a meter en el baño.

SUEÑO HECHO REALIDAD

Tardé no más de cinco minutos en ducharme, pero fue tiempo suficiente para pensar en toda esa locura que estaba viviendo, me reía solo, tenía miedo, pero, al mismo tiempo, estaba muy feliz. ¿Todo era real?, ¿cuando saliera de nuevo a la habitación, estaría vacía? Quité eso de mi mente y en cuanto acabé, me envolví en la toalla, me paré frente al espejo del lavabo, pero no conseguía quitar la sonrisa de mi cara, hasta que me di cuenta de que no me había llevado la ropa, lo que significaba que tendría que salir con mi toalla y fue lo que hice. Leo se quedó mirándome.

—Tienes mejor cuerpo del que tú decías —admitió asombrado.

—Lo siento, es que me he olvidado la ropa aquí —me excusé señalando el armario, me acerqué y busqué algo que ponerme.

—Te tengo tan loco que te olvidas las cosas —expresó con su tan natural tono de broma; me di la vuelta y lo miré llevándome la mano a la barbilla.

—Puede que tengas un poco de razón. —Continué buscando, cogí una camiseta, una bermuda, un calzoncillo y unas medias, y luego me metí a toda prisa en el baño.

—¿Por qué no te vistes aquí? —dijo Leo irónicamente, pero en plan gracioso.

—Porque no, ve despacio —respondí.

—Tranquilo, solo bromeaba.

Me pareció que caminaba por la habitación, me di prisa al vestirme y salí nuevamente; allí estaba parado mirando por la ventana, todo el lugar había sido perfumado por su fragancia. Me tranquilizó completamente el verlo ahí, es una sensación agradable tener cerca a una persona que se ha convertido en alguien importante en tu vida. Es verdad que, aunque hablamos mucho sobre diversos temas, el tenerlo frente a mí, hacía que mis acciones se bloquearan en gran parte, no sabía cómo actuar, pero, sin embargo, él parecía tranquilo y llevaba todo de manera natural, todo lo tomaba con calma, y eso es una virtud que admiro de él, quizás tiene más conciencia situacional que yo.

—Tengo que llamar a Débora para avisarle de que ya estoy levantado, pero primero vamos a la recepción para tranquilizar a la chica.

—¡Genial!, vamos. —Sonrió. Amo cuando lo hace.

Sonó el teléfono.

—¡Hola!, buen día —saludé.

—Buen día, señor Tom —respondió Lola.

—¡Ja, ja, ja! ¿Otra vez con lo de señor?

—Lo siento. Es que lo tengo que hacer en este momento —susurró.

—Vale, entiendo. Iba a bajar con Leo para que estuvieras segura de que no era cualquier huésped que se quería colar en mi habitación.

—Perfecto, le agradezco la confirmación. —Era evidente que tenía el jefe cerca—. La señora Débora me ha pedido que le diga que salió a dar un paseo; yo le avisé de que usted tenía compañía, le dije de quién se trataba y me pidió que le informara a usted de su salida.

— Me has ahorrado todo el trabajo, eres la mejor —le dije—. Serás recompensada —agregué.

—Ni pensarlo. Solo cumplo con mi trabajo, además ya es un honor servirle.

—Es graciosa esta charla tan formal, pero entiendo que seguramente tienes a un superior cerca. Gracias por todo, de verdad.

—No hay de que, y cualquier cosa que se le ofrezca, nos avisa, estamos a sus órdenes. —nos despedimos y colgué el teléfono.

—Me ha dicho que Débora, la editora que me está acompañando, ya sabe que estas aquí y prefirió dejarnos tranquilos para aprovechar el día libre. Ella se ha ido de paseo, aunque, de todas maneras, luego la llamaré para quedar y hacer algo juntos; no quiero dejarla sola, se ha portado muy bien conmigo.

—¡Oh!, genial. Sí me parece buena idea, luego podemos juntarnos para comer o algo —agregó Leo, se acercó a la cama y le dio una palmadita para que me pusiera junto a él. Después me senté y se acomodó para quedar enfrentados.

—He venido, porque me moría de ganas de conocerte, porque me gustas, y también, porque he aceptado que los sentimientos no se controlan, por más que uno haga para evitarlos. Es verdad que te dije que quería estar solo, que no quería enamorarme porque ya he sufrido por amor y eso me ha convertido en una persona más seca, por llamarlo de alguna manera. Puede que eso hiciera que me cerrara sentimentalmente, pero, desde el primer día que hablamos, como te dije, no he dejado de pensar en ti, incluso cuando dejamos de hablar y hubo esa distancia, te llevaba en mi mente y no conseguía apartarte, aunque tampoco tenía ganas de hacerlo, ni las tengo.

»Nunca pensé que fuese a decir estas cosas y a abrirme de esta manera con alguien, pero tú tienes algo diferente, incluso he pensado que eres la persona que siempre he querido tener a mi lado, que responda por mí al igual que yo lo hago, y te pido perdón por esos días de lejanía, por mi actitud distante en esas charlas, pero me obligué a hacerlo para saber que sentía.

»Ahora, teniéndote frente a mí, me derrito, porque me encantas. Como sabes, no soy una persona a la que los pensamientos les dan vueltas en la cabeza, pero, últimamente, sí, y la verdad es que me aterra perderte. —Todas y cada una de las palabras que Leo pronunció en ese momento me llegaron muy profundo, y sus gestos de ternura hacían que lo quisiera cada segundo un poco más—. Nunca me dejes, Tom — agregó, se acercó y me abrazó fuerte.

Una vez más sentía que podía estar horas abrazado a él, era todo muy extraño, y, si lo pienso desde otro punto de vista, es porque todo aquello no estaba en mis planes, quizá eso es lo que lo hacía mágico, el no haber imaginado nunca esa situación de un amor diferente.

Cuando se despegó pude ver que unas lágrimas se escurrían por sus mejillas, intentó disimular y se las secó enseguida.

—Leo, tú sabes que para mí todo esto es nuevo, que no tengo experiencia, que eres el primero y me ha costado aceptarlo, pero ya lo tengo asumido, porque, como tú dices, los sentimientos no se pueden controlar. Esto me ha desbordado, es loco, porque no hace tanto tiempo desde que empezamos a hablar, pero, de todas maneras, sentimos que nos conocemos hace mucho. Ahora estamos aquí los dos, como te dije una vez, las cosas siempre pasan por algo y si nuestras vidas se han cruzado, por algún motivo será. Es verdad que tendré que irme de nuevo a Escocia, pero te prometo que no te abandonaré, nos volveremos a ver y tendremos que hacer algo para estar juntos, si es lo que queremos, y, por cierto, ¿qué es lo que queremos?

—Pues creo que ya lo tenemos claro, pero ¿qué hacemos con la distancia?

—Por más que yo quiera no puedo venirme a vivir aquí, y sé que tú tienes tu vida en México, tu familia, tu trabajo y demás. Es bastante complicado todo.

—Tú tienes tu familia en otro país también, te alejaste y te fuiste en busca de una aventura nueva. Pero si tú quieres que me vaya contigo, lo intento; sabes que soy aventurero y me gustan los desafíos —expresó convencido.

—Lo sé y, obviamente, me gustaría, pero no soy yo quien decide eso. Aunque la convivencia sea complicada, o puede que sea fácil, pero hay que intentarlo.

—Por eso, *wey*. Solo tengo que conseguir un trabajo y listo. Necesitaré un mes o poco más para solucionarlo todo y juntar el dinero del billete de avión. Luego ya podré irme tranquilo.

—Vale. Yo tendré tiempo suficiente para acomodar las cosas en casa y si puedo, te iré buscando opciones de trabajo.

—¡Genial! Estoy tan feliz. —La cara de Leo se llenó de luz y ternura.

Me miró de una forma que nadie jamás lo había hecho y no pude evitar sonreír; él se tumbó en la cama y se estiró para desperezarse, luego se quedó acostado. Mi única reacción fue quedarme quieto sin pronunciar palabra alguna, solo lo miraba pensando en el lío en el que me había metido, pero contento al mismo tiempo.

Cuando me distraje vagando en mis pensamientos, Leo tiró de mi brazo y me hizo caer en la cama, quedando acostado a su lado, pero un poco más arriba que el nivel de su cabeza, se puso a mi altura frente a frente y me miró fijamente. Ya mi cuerpo no reaccionaba o lo hacía sintiendo todas las emociones a gran velocidad y, al mismo tiempo, dejándome paralizado. Intentaba pensar, pero a su vez me quedaba en blanco, solo lo observaba y conseguía respirar lentamente, pero mi corazón latía muy rápido, temía que se escapara de mi pecho. «¡Levántate, Tom!», fue lo único que pude pensar, pero era como si le hablara a la pared. Fueron los minutos más largos de mi vida, y, al mismo tiempo, fugaces. Enseguida y sin saber cómo sucedió, se acercó a mí y me dio un beso, un pequeño contacto de labios y sentí que el corazón se detenía por un instante, mis oídos parecían taponados, mis ojos se cerraron automáticamente, pero era la única parte de mi cara que podía mover, pues mis labios parecían petrificados. Él volvió a su lugar.

—Lo siento, me dejé llevar—susurró un tanto afligido.

—No lo sientas. Creo que mi cuerpo no supo cómo reaccionar, así que lo siento yo —me disculpé, impotente.

—Hace mucho que quería hacerlo —admitió y se quedó en su sitio mirándome.

Le devolví la mirada, le sonreí y asentí con un pequeño gesto; su cara volvió a iluminarse. La sonrisa se le pintaba en el rostro de nuevo y, sin tardar ni un segundo, me besó. Esta vez pude reaccionar, solo me dejé llevar, fue algo de otro mundo, no me daba cuenta de que estaba besando a un chico, simplemente, estaba con una persona que me hacía sentir cosas totalmente diferentes a lo que estaba acostumbrado. El beso no fue muy largo, más bien lo justo y necesario, se apartó de nuevo y se quedó mirando en dirección al techo.

—¡Uff! —suspiró y sonrió mirándome.

—¿Qué sucede? —pregunté.

—¡Todo! Tú, la situación, mis emociones; siento que quiero llorar de alegría.

—Pues hazlo si te apetece —propuse, me miro y se rió.

—Mejor vamos a movernos, me muero de hambre. ¡Vamos a desayunar!

Se levantó de la cama rápidamente, yo hice lo mismo, y nos dirigimos a la salida. Él, que iba delante, abrió la puerta y yo la cerré. Nos fuimos por el pasillo sin hablar, pero nos reíamos solos. Me hacía feliz verlo tan contento.

UN POCO MÁS CERCA

Definitivamente, sentía que me desconectaba de todo, era la misma sensación de felicidad que tenía cuando comenzamos a hablar, pero multiplicada por diez. Al parecer, la conexión que teníamos, realmente, existía; quizás era algo más que eso, pero apenas comenzaba a entenderlo y aceptarlo.

—¡Espera!—exclamé al llegar al final del pasillo—. ¿Podemos hacernos una foto para mandársela a Olivia?

—Sí, claro. Así ya me conoce—respondió, me abrazó, cogió mi móvil para tomar la foto, y se la mandé a Oli. Después continuamos nuestro camino—. Quiero esa foto —agregó.

—Vale.

Subimos al ascensor. Segundos después, salimos a la recepción, saludamos a Lola y nos fuimos a desayunar.

Leo parecía una persona diferente a como se había mostrado hacía un tiempo atrás, era el Leo del principio, ese que se metía en mi mente y no salía en todo el día. Quizás la etapa en la que no le interesaba nada y decía que yo le daba igual solo era, como él decía, una manera de obligarse a no sentir cosas. Obviamente, lo pasé mal, pero, de todos modos, prefería dejar eso atrás y no estropear este momento.

—Tengo un ejemplar del libro para ti —comenté—. Me gustaría que lo leyeras, si quieres, claro.

—Quiero y tengo que leerlo —respondió mientras untaba mermelada en una tostada. Le iba a decir que no tenía por qué hacerlo, pero no tenía sentido, así que me limité a sonreír.

—En algún momento no creí que conocernos fuera posible, y mucho menos de esta forma —confesé.

—No hay que perder la esperanza. Me siento aliviado, no sé por qué, pero creo que tenía un peso bastante grande sobre mis hombros, estoy seguro de que, de alguna manera, has conseguido abrir mi corazón de nuevo y que dejara las tonterías de lado, o, más bien, que dejara el pasado atrás y los malos momentos. El amor es muy complicado.

—Nosotros hacemos que todo sea complicado —corregí.

—Es verdad —continuó—. Es que tengo miedo de las traiciones, creo que es normal, a nadie le gusta que lo traicionen y le mientan, pero créeme, que no soy tan malo como en un momento me mostré, simplemente, no quería amar para luego evitar estar mal, aunque es cierto que algo en ti me dio la confianza suficiente para que esa llama en mi interior se encendiera otra vez. Por eso te doy las gracias, por ser así como eres. —Me regaló una sonrisa.

—¿Te he dicho que me gusta tu sonrisa? —Otra vez sonrió sonrojado y se tapó la boca.

—Gracias. Y sí, miles de veces me lo has dicho.

—Acabamos nuestro desayuno y decidimos ir a recorrer un poco la ciudad. Leo me llevó a sitios de México que él conocía, y, pasado el mediodía, nos encontramos con Débora. Almorzamos un poco tarde, pero así se podían conocer.

—Es impresionante la sensación que causa compartir tiempo con alguien y sentir que ya lo conoces a causa de un libro, y más extraño aún es que ese personaje sea una persona real. Pero esto es diferente, es un libro basado en la vida real, y, al mismo tiempo, esta realidad está ocurriendo, porque vuestra historia es la de la obra, ¿no? —expresó muy emocionada—. Sinceramente, tu trabajo es uno de los que me han gustado más, y esto no se lo digo a todos. Más allá de que se arreglaron cosas y demás, pero la historia en sí es hermosa. Espero y deseo de todo corazón que continuéis.

—Débora es una persona con un corazón de oro, es muy dulce al expresarse y sobre todo cuando de lo sentimental se trata.

—Muchas gracias —dijimos al unísono.

El resto de la tarde continuamos visitando sitios y por la noche nos fuimos a mi habitación a organizar los días siguientes. Tenía muchas entrevistas, firmas de libros, conferencias y promociones. Leo se había tomado más días libres, aprovechando que trabajaba con su padre y podía permitírselo, para estar conmigo.

—Puedo quedarme aquí contigo esta noche, ¿no? —preguntó algo temeroso, enseguida que Débora se había marchado.

—Claro. Has cancelado la otra habitación, ¿no?

—No, es que no quería apresurarme, quiero ir poco a poco, Tom, para no agobiarnos; pero tengo ganas de estar aquí contigo.

—Pues ya está, te quedas aquí —confirmé. Ya era casi media noche.

—Vale, iré a pagar lo que debo de la habitación y a buscar mis cosas. Le diré a Lola que me quedaré contigo —informó.

Mientras Leo estaba fuera, yo me di una ducha, poco después, sentí la puerta. Cuando acabé de bañarme, se metió él y yo fui a la cama con mi ordenador a mirar las redes sociales, responder a comentarios e *e-mails* de los lectores.

—¿Qué haces ahí parado?, ¿no pensarás dormi ahí? —bromeé—. Ven —agregué, dándole unas palmadas a la cama para que se pusiera a mi lado. Él sonrió, cogió el libro que le había dado y se puso en su lugar—. Me gusta tu *short* de pijama.

Miré su vestimenta: un short de una tela que parecía algodón, en color gris con un estampado que simulaba manchas de pintura blanca y negra, y una camiseta blanca con una frase en inglés.

Comenzó a leer el libro que le di, la historia que había creado o, mejor dicho, nuestra historia plasmada en papel. Cada tanto tiempo, lo miraba de reojo y podía ver que sonreía o hacía algún otro gesto mientras leía, por momentos, sabía que me estaba mirando, pues con mi vista periférica podía darme cuenta de que lo hacía, pero yo me mantuve concentrado en lo que estaba haciendo sin despegar la vista de la pantalla. Parecía disfrutar de su lectura y eso me tranquilizaba, aunque obviamente, sentía muchas ganas de saber su opinión y esperaba ansioso a que lo hiciera.

Cerré el ordenador, lo dejé sobre la mesita de noche, y él me miró.

—Me gusta la manera como escribes, cómo logras que los sentimientos que describes, los demás los puedan captar a la perfección. No imaginé que te hiciera sentir todas esas cosas. Me falta por leer aún —me enseñó el libro y llevaba muchas páginas leídas—, pero es muy tú y muy yo, nunca mejor dicho, porque es sobre nosotros, pero lo que más me sorprende es cómo redactas cada cosa que yo siento, como si pudieses ver en mi mente y en mi corazón, de hecho, creo que tú tienes más claro que yo lo que siento, y eso es bueno, supongo.

—Sinceramente, traté de dejarme llevar, de expresar con palabras cada sensación que había tenido en todo momento, intentando compararla con otras cosas para que, de esa manera, los lectores supieran como me sentía. Gracias por tu opinión; estaba esperando que me la dieras, sinceramente. Cada cosa que encuentres, sea buena o mala, me gustaría que me la dijeras y yo la aceptaré con mucho gusto y la tendré en cuenta para futuras ediciones y, por qué no, para aprender.

Dejó el libro sobre su mesita y se acostó.

—¿Te molesta si me quito la camiseta?, es que tengo la costumbre de dormir sin ella.

– No, no me molesta. Yo suelo quitármela también, es decir, si me da calor, me la quito. —Me reí, y me acosté.

Una situación un poco extraña; linda, porque a mí me hacía feliz, pero rara al fin y al cabo. Estábamos los dos acostados boca arriba mirando el techo sin decir nada, lo miré un segundo y me giré. Él se acercó a mí moviéndose de una manera graciosa que, obviamente, me hizo reír, pasó su brazo bajo mi nuca, me moví para acomodarme y me abrazó con fuerza. El pecho se me llenó una vez más, me sentí contenido.

—Me podría quedar así durante horas —expresó entre un suspiro de relax—, bueno, en realidad, hasta que se me duerma el brazo —justificó risueño—. Pero, enserio, quiero tenerte cada día un poco más cerca, sin importar la distancia que nos separe, algún día la superaremos —afirmó, me miró y me dio un beso en la mejilla.

—Claro que sí, solo es cuestión de tiempo.

Luego de un rato apagamos la luz y, sin separarnos, nos quedamos dormidos.

TE ECHO DE MENOS

Esa misma noche me desperté, Leo ya no me estaba abrazando (seguro que se le había dormido el brazo al pobre), pero me sujetaba la mano. Me tuve que levantar al baño y, obviamente, se despertó.

—Eres de sueño ligero —murmuré al regresar, él se sonrió y esperó a que volviera a la cama, me acosté nuevamente y me abrazó. Puse mi brazo sobre su abdomen y cerré mis ojos, su piel suave y su perfume con fragancia amaderada y notas cítricas me relajaba.

Creo poder describir esa noche y, aunque no tenga sentido, fue como dormir con frescura, quizás mi energía positiva, felicidad, tranquilidad y el progreso en nuestra relación hacían que me sintiera de esa manera, un poco más ligero, como digo yo. Claramente, se trataba de que todas las preocupaciones se habían hecho a un lado por fin. «¿Y si en realidad lo que he imaginado sobre formar una familia, casarme con una mujer y tener hijos, solo era una ilusión basada en la forma en que fui criado y en lo que creía que era correcto?, ¿y si en realidad esta nueva experiencia era lo que la vida me tenía preparado?, incluso ¿será Leo quien me acompañe el resto de mis días o solo es un reflejo de lo que en este momento quiero?», pensé, pues, como siempre, las preguntas daban vueltas una y otra vez por mi cabeza, pero es parte del ser humano cuestionar todas y cada una de las cosas, aunque parezca que no sea así, siempre lo hacemos.

Es increíble como corren los días cuando uno se lo pasa bien, perdemos la noción del tiempo y cuando nos damos cuenta, otro ciclo termina. Las ruedas de prensa, las entrevistas y firmas de libros en México fueron increíbles, no imaginé tener el recibimiento que tuve, siempre había escuchado comentarios sobre que los *fans* mexicanos son los más intensos (y me refiero a intensos, porque tienen mucho apego a sus ídolos y son muy fieles y apasionados). Y aunque no soy famoso, me sentí muy querido y respetado por ellos, traté de dedicarles tiempo a todos, ya que ellos se habían tomado la molestia de ir hasta el lugar para verme.

En una de las ciudades de México, organizaron un evento de literatura al cual fui invitado y en el que me hicieron entrega de una placa como reconocimiento a mi contribución en el fomento de la igualdad, de los valores y también de la lectura y la escritura. Fue muy emotivo.

El último día, lo teníamos libre y me sirvió para descansar un poco, reflexioné sobre que había sido un viaje lleno de sorpresas, de emociones, de aprendizajes, cariño e ilusiones, pero todo llegaba a su fin, como también, el estar con Leo, aunque, realmente, no se acababa la relación con él, ya que continuaríamos de la misma manera y trataríamos de volver a juntarnos cuanto antes.

Las despedidas nunca me han gustado, de hecho, no sé si existe persona en el mundo a la que le siente bien o a la que le sea indiferente una despedida, y, como no es algo agradable de contar, voy a resumirlo para que sepáis un poco sobre el último día con Leo.

Débora prefirió dejarnos solos para aprovechar al máximo, se fue de compras al centro comercial, y nosotros alquilamos un coche y nos fuimos a un bosque bastante solitario que Leo conocía. Hablamos durante horas, reímos, nos emocionamos, se nos cayeron lágrimas, pero lo más importante es que nos conocimos un poco más, pudimos darnos cuenta de que éramos más compatibles de lo que pensábamos y él comenzaba a dejar de lado ese carácter duro y su terquedad. Las dudas que tenía antes sobre si estaba jugando conmigo o si no le ineteresaba habían desaparecido, ahora solo había sinceridad, lo podía ver reflejado en su mirada. Leo es una persona muy expresiva, en su rostro los gestos se mezclaban a la perfección, en armonía; sus hoyuelos en las mejillas hacían que su sonrisa fuera aún mas tentadora, sus ojos grandes color café con un brillo que destelleaba en cada movimiento y su pelo castaño.

No éramos dos hombres enamorados tumbados en el pasto de aquel bosque, sino, simplemente, dos almas encontradas con ganas de vivir un sueño en común.

Horas después, regresamos al hotel, él hizo su maleta, y Débora y yo lo acompañamos al aeropuerto. Antes de salir de la habitación del hotel, me dio un beso, me miró y me dijo:

—Tom, por mi parte haré todo lo que esté a mi alcance para volver a vernos, en este tiempo que nos hemos estado conociendo, he aprendido a quererte y has logrado que vuelva a creer en el amor. —Me abrazó y nos fuimos.

Una vez en el aeropuerto, se despidió de Débora, me abrazó fuertemente y se dirigió a la puerta de embarque.

A la mañana siguiente nos tocó emprender el viaje a Débora y a mí, regresar a Escocia y continuar trabajando en proyectos que teníamos en mente. A mí me tocaba arreglarlo todo para que en algún momento Leo se viniera a vivir conmigo. No podía quejarme, el último mes y medio había sido diferente a muchos años de mi vida y las cosas empezaban a encaminarse de una manera distinta, había conseguido los logros que tanto esperaba y comenzaba a verlo todo de forma positiva.

Una semana después…

—Últimamente, suelo recordar cuando te vi y enseguida supe que realmente sentía cosas por ti, que seguro eso era amor —le dije en una videollamada, todo se había tornado bastante meloso.

—*Wey*, yo no he conseguido sacarte de mi cabeza, estás todo el día en mí —admitió él.

—Estamos en la misma —confesé.

—Ya quiero estar allí —decía impaciente.

—Y yo quiero que vengas, te echo de menos.

—También te echo de menos, ya estoy coordinando todo para viajar cuanto antes, solo habrá que tener paciencia y esperar un poco más, solo te pido que no dejes de creer, que continúes trabajando en lo que te gusta, quizás, de esa manera, se te hará más leve.

—Pues sí, y ¿adivina qué? El libro ha sido pedido en más países y las ventas han aumentado este mes. Así que vienen cosas buenas, incluso he comenzado a escribir otro libro.

—¡Qué alegría me has dado! Una noticia buenísima, me gusta que te vaya bien, te mereces lo mejor, porque eres una persona genial, y tengo mucha suerte de tenerte, ¿sabes?

—Tú también eres genial, Leo.

Estuvimos hablando un par de horas, y aunque todo parezca cursi, no lo era, simplemente estábamos luchando por conseguir un objetivo: ¡Estar juntos!

UN VIAJE DE ILUSIÓN

Dejé mi trabajo *normal*, debido a que las ventas de mi libro aumentaban enormemente y tenía que hacer presentaciones en varios sitios de Escocia, Irlanda e Inglaterra, y también comenzaba a trabajar en otra obra y proyectos que requerían tiempo y dedicación. Por suerte podía vivir de otra manera y, en definitiva, trabajando de algo que me gustaba y lo hacía con mucho gusto. Es una gran suerte tener la posibilidad de escribir un libro, publicarlo y llegar a mucha gente, sobre todo si es una historia donde cuentas experiencias de la vida real y con la que quieres dejar un mensaje; no obstante, con esto no quiero decir que los demás tipos de narraciones no dejen un mensaje, pues siempre hay cosas que decir, aunque se trate de una historia de fantasía.

En cuanto a las cosas que se me iban presentando, he tratado de organizarme lo mejor posible y, sinceramente, todo iba bien. La vida comenzaba a darme mi recompensa después de tanto sacrificio, y puede que también mi forma de verlo todo hubiera cambiado, había madurado, me había vuelto más positivo, me sentía mejor conmigo mismo y los fantasmas que me perseguían se habían ido, esos fantasmas que quizás nunca existieron y que solo vivían en mi cabeza, pero gracias a que me quité una mochila pesadísima, me sentía más ligero y el camino no se me hacía cuesta arriba.

Con Leo todo iba bien, excepto por el único detalle de la distancia, nos extrañábamos, pero lo positivo era que seguro que nos llevaríamos bien cuando viviéramos juntos; él ya le había dicho a la familia que viajaría, las cosas en su casa las dejaría tal cual estaban, para poder volver en algún momento, ya fuera de vacaciones o por si algo saliera mal. No es que ya estuviera volviendo la negatividad a mis pensamientos, pero hay que ser realistas y las cosas pueden fallar; de todas maneras teníamos mucha fe y estábamos seguros de lo que sentíamos.

A mi familia no le había dicho nada aún sobre el tema de Leo, aunque ellos habían leído el libro, pero, claro, suponían que era una historia inventada. La familia de él tampoco sabía sobre sus gustos y creo que ni siquiera se iban a enterar, ya que son una familia muy conservadora y clásica, por lo cual sería todo un problema para Leo que ellos lo supieran. Yo, obviamente, respetaba y apoyaba su decisión de mantener todo en secreto. Yo, por mi parte, en una de las personas en las que me apoyaba era Olivia, obviamente, con la que cada día que pasaba compartía más cosas, incluso comenzó a trabajar conmigo como alternativa a su trabajo fijo. Oli es una persona genial, es mi complemento, muchas veces nos quedábamos mirando y era como si nos leyéramos la mente; pensamos igual en muchas cosas, incluso en ocasiones terminamos la frase que está diciendo el otro. Oli tenía mucha ilusión en conocer a Leo y siempre me lo recordaba, estaba entusiasmada y segura de que se llevarían bien, y yo también creía que sería así.

—Ya queda menos para reencontrarnos, se hace eterno, pero al final valdrá la pena —dijo Leo en una videollamada que nos hicimos, aunque lo dijo en un tono de angustia que me rompió el corazón.

—Pues sí, hay que esperar, yo también quiero que ya estés aquí, pero si nos desesperamos, es peor.

—Lo sé—resopló.

—Se pasarán volando los días, ya verás —lo tranquilicé, intentando sonar convincente—. Un viaje de ilusiones, un cambio apostando por experiencias diferentes.

—Tom, ¿tienes algo que hacer al mediodía? —preguntó Olivia al teléfono.

—Pues sí, almorzar, obvio —bromeé.

—Vale señorito vacilón, pero ¿has quedado con alguien?

—Mmm, contigo en este momento, porque seguro que me llamas para quedar y comer juntos —me adelanté.

—¡Perfecto! En el lugar de siempre, ¿no?

—Y si mejor aprovechamos, ya que hace buen día, y vamos a almorzar al bosque —sugerí—. Yo voy a por la comida.

—¡Vale! Te lo agradezco, porque tengo que ir a hacer unas cosas antes, así que, si quieres, nos juntamos sobre la una en el bosque. Compra lo que quieras, pero, porfa, lleva comida como para veinte, porque no he comido nada y me muero de hambre.

—¡Qué exagerada!, pero vale. Nos vemos más tarde entonces.

Continué con lo que estaba haciendo y sobre las doce y media del mediodía fui al restaurante que nos gusta a comprar comida para llevar; los gustos de ambos son más o menos los mismos, así que no era tan complicado comprarle comida a Olivia. Compré también algo de beber y me fui rumbo al bosque, conduciendo lentamente, bueno, tampoco lento, iba normal, porque Oli generalmente llega tarde a todos lados y seguro que no iba a llegar puntual; lo más seguro era que llegara media hora tarde, por lo que estando yo un poquito antes, bastaría y así no tendría que esperar tanto.

—¿Por dónde vienes? —le pregunté.

La había llamado por teléfono porque eran y media y no había llegado.

—Tardaré como diez minutos más porque el maldito tráfico me está retrasando —comentó enfadada.

— ¡Vaya suerte la tuya!, tranquila, no te desesperes, que espero otro rato. Ve con cuidado, a ver si con la prisa te cargas a alguien o te pasa algo —advertí.

—Tampoco es para tanto si lo hago —bromeó, pero con un tono de enfado.

Es una chica que se enfada cuando le molesta algo, y no se calla nada, incluso si le tiene que dar una hostia a uno, se la da; es mejor tenerla como amiga que como enemiga.

No tardó tanto como dijo, pues seguramente cogió algún atajo de los que solo ella conoce, porque se mete por cada sitio que ni Dios sabe. Yo esperé sentado en el suelo del bosque, apoyado en un tronco de árbol que había en el suelo, conecté mis cascos al móvil y me puse a escuchar música mientras apuntaba ideas para mi nuevo libro.

—Oli, ¿de verdad crees necesario hacer esto? —Había aparecido por detrás y me había tapado los ojos, pero no decía nada. Sus manos las noté raras, pero no hice caso—. Venga ya, déjate de juegos que la comida ya estará helada seguramente —rezongué, pero no me destapaba los ojos, y cuando le iba a quitar yo las manos, una brisa trajo un perfume que me recordó al de Leo—. ¿Sientes ese perfume?, me recuerda a Leo, se parece mucho al que usa él, a saber por dónde andabas tú.

—¡Ajá! —dijo como si no le interesara, pero caí en que su voz no venía de atrás, sino de delante de mí y enseguida pude sentir los ruidos que hacen las bolsas al abrirlas y sacar su contenido.

—Olivia, ¿eres tú?

Comenzaba a asustarme, creía que era su voz, pero quien me tapaba los ojos si no era ella. Segundos después, reaccioné, quité las manos de la persona que me cubría mis ojos, de un salto me levanté y me giré para ver de quién se trataba. No podía creer lo que estaban viendo mis ojos, no imaginaba ver a Leo allí parado tan feliz, sonriente. No tardé ni medio segundo en pasar al otro lado del tronco y abrazarlo tan fuerte como pude.

—¡Yupi! —exclamó ella.

Fue la sorpresa más linda que había recibido en bastante tiempo, Leo no me había dicho la fecha exacta en la que viajaría, ya que no estaba seguro (supuestamente), porque aún le quedaban cosas por arreglar. Él compraría el billete cuando supiera la fecha en que se iba venir, me había dicho aproximadamente cuándo, pero nada seguro. Luego me enteré de que el pasaje lo tenía comprado hacía un par de semanas y que se puso en contacto con Olivia para planear este encuentro sorpresa. Después comprendí también el por qué de la comida extra, y no era precisamente porque Oli tuviese hambre de más.

— ¡Por fin juntos!—susurró Leo en mi oído mientras me abrazaba —no te imaginas la falta que me hacías.
—Y tu a mí —respondí en un respiro de felicidad y tranquilidad.
Nuevamente el bosque era nuestro escenario, un reencuentro, un almuerzo, el amor, y la amistad, juntos en un entorno lleno de magia y paz.

LA AVENTURA COMIENZA...

—No os hacéis una idea de lo feliz que me siento al veros juntos —comentó Olivia muy emocionada—, y sobre todo a ti, Tom, que hacía mucho tiempo que no te veía así; es más, creo que jamás te he visto de esta manera, y me encanta que te sientas bien, me da una tranquilidad enorme. Por eso, cuida de él, o te las verás conmigo — agregó mirando a Leo.

—Sí, mejor que tengas cuidado con esta chiquilla —advertí entre risas.

—Tienes una persona maravillosa al lado y quizá otros piensen que lo digo, porque soy su amiga, pues, justamente, por eso lo digo, porque lo conozco más que nadie y sé qué clase de persona es, porque tengo la suerte de ser su amiga y de compartir mil cosas con él, de ver sus cosas buenas y cosas malas.

»Cuando me contaste que te gustaba una persona del extranjero, por algún motivo, supe que las cosas se encaminarían para que todo fuera bien, y no me he equivocado, lo cual me llena de orgullo. Me hace sentir bien que te hayas abierto, Tom, que hayas aceptado que los sentimientos son incontrolables, que lo único que se puede hacer es dejarse llevar y tratar de vivirlos de la mejor manera posible. Digo esto, porque, a veces, estamos acostumbrados a algo y cuando encontramos otra manera de sentir, creemos que está mal y se nos hace difícil vivir con eso, se transforma en una carga, más que un disfrute.

»Vivimos en una sociedad donde creemos saberlo todo y no es así, hoy en día parece que es más importante lo material que lo sentimental, y no nos damos cuenta de que lo único que nos llevamos a la tumba son los recuerdos, los aprendizajes, las vivencias, el cariño, y no, lo material. El mundo está lleno de gente sin sentimientos, pero con muchas tonterías; nos creemos aptos para juzgar a los demás —Olivia parecía frustrada con la humanidad.

»Hay algo que nunca voy a entender y es el por qué se ve mal que dos chicos o dos chicas sean pareja, no sé cuál es el problema de que dos personas del mismo sexo se quieran. Bueno, creo que es porque las personas que juzgan solo ven la imagen y dicen que está mal, porque no es lo normal, solo ven que son dos *GAYS*, y lo único que piensan es que no saben cómo no les da vergüenza andar por la calle juntos. Os juro que me dan ganas de partirles la cara. —La bronca de Oli se hacía notar — ¿Por qué no ven que solo son dos personas que se quieren?, prometedme que os vais a cuidar y a querer siempre, que no os va a importar lo que diga la gente, yo sé que estáis hechos el uno para el otro. —Su rabia desapareció instantáneamente, se acercó a nosotros, nos tomó de la mano y nos miró—. Sé que tú, Tom, crees que las personas se cruzan por algo en la vida y yo comparto tu creencia, y Leo esta aquí, porque tiene que ser quien te acompañe por siempre. Y tú —se dirigió a Leo con la mirada—, sé que eres un poco escéptico, pero intenta abrir más la mente, porque en el fondo estoy segura de que crees más de lo que piensas, solo deja que eso que hay ahí dentro —señaló en dirección al corazón con el dedo índice— salga y haga su trabajo, y comenzarás a ver las cosas de manera distinta y aprovecharás más todo lo que te rodea. Escucha mucho a Tom, que es sabio, me darás la razón con el tiempo.

—Prometo que tomaré tu consejo, trataré de ser más abierto y claro que lo escucharé a él. Siento que comienza una nueva etapa y es la primera vez que me siento de esta manera, tan lleno, ilusionado, con ganas de todo y sobre todo de ser feliz, de olvidar los momentos malos, dejando atrás el daño que me han hecho, las mentiras y el dolor. Estos últimos años he vivido siendo un personaje o disfrazado de una persona que no era yo, alguien rudo, aparentemente sin sentimientos, o que prefería ir por la vida conociendo chicos solo para el momento y nada más. Pero Tom, lograste hacerme ver que las cosas son diferentes y que sí existe el amor y que, aunque esté al otro lado del mundo, vale la pena luchar por él —sonaba totalmente convencido—. Nunca pensé que diría esto, pero Tom, sé que a veces las palabras se las lleva el viento, de todas maneras, siento la necesidad de decirte que quiero una relación seria, quiero ser tuyo y que tú seas mío, quiero que seas el único en mi vida y yo ser el único, que ese Leo vacío se quede en el pasado y desaparezca. —No me preguntó de forma cursi si quería que fuera su novio, sino que lo hizo de una forma madura.

—Queremos lo mismo y eso es lo que más feliz me hace, porque tú me haces bien y quiero que esto siga hasta donde la vida diga —respondí, él sonrió y me dio un beso.

—¡Así me gusta veros! —dijo Oli, nos volteamos para mirarla y la abrazamos.

Esos son los pequeños momentos que hacen grandes a las personas, esas vivencias que parecen insignificantes, pero que llenan el alma, alimentándola de cariño, sinceridad, igualdad y generando esos recuerdos que luego te llevas a donde sea que vayas cuando llegas al final de este camino al que llamamos vida.

Luego de los momentos emotivos, nos sentamos a comer porque nos moríamos de hambre, y nos reímos mucho con las bromas de Leo. Al acabar de almorzar, nos fuimos los tres para mi casa, Oli llevó las maletas de Leo y él se fue conmigo en mi coche.

—¿Y tú sabes conducir o prefieres que lo haga yo? — preguntó irónicamente, bromeando; lo miré desafiante, le sonreí, arranqué el coche y salí derrapando a toda prisa.

—Si quieres, te enseño a conducir de verdad —respondí un tanto soberbio, sonreí.

—Algún día veremos quién conduce mejor. —Se rio.

—Cuando quieras —lo desafié, y hubo una pausa.

— ¡Sabes, *wey*!, estoy cansado, pero tan contento que no lo noto, tengo sueño, pero la ansiedad no me deja tranquilo, lo bueno es que estás aquí y que la aventura comienza.

—Ya ves, es el inicio de un largo camino que haremos juntos. —Me tomó de la mano.

Unos minutos más tarde, llegamos a casa y Oli, detrás, parecía más feliz que nosotros.

La vida para muchos puede ser fácil, para otros, dura, pero hay que andar por ese camino sea como sea. Estamos preparados para cada obstáculo que se nos presenta y por eso no tenemos que amargarnos tanto por las cosas malas, las superaremos, porque venimos a la vida hechos para resistir cada cosa, lo único que lo cambia todo es la muerte, es allí cuando se nos presenta el mayor obstáculo que no podemos resistir, tarde o temprano, llega, y no por eso tenemos que vivir angustiados.

Vive cada momento como si fuera él último, aprende y disfruta de cada persona, porque no conocerás dos iguales; no pienses tanto en lo malo que pueda pasar, porque, al final del día, todo se puede resolver. Recuerda que estamos preparados para luchar contra ello, hasta que llegue el momento de partir.

UNA ESCAPADA AL PARAÍSO

Un nuevo comienzo se hacía presente en nuestras vidas, experiencias y sentimientos encontrados. Aunque él ya había tenido experiencias amorosas con otros chicos, los dos estábamos viviendo cosas nuevas. Por mi parte, los miedos se habían convertido en ganas de explorar y en aceptación, solo quería disfrutar los momentos buenos y los no tan buenos.

Puede que pienses que ahora todo es perfecto o feliz, quizás sí, pero no siempre es así; como en cada situación, hay momentos buenos y malos. La relación con Leo, sinceramente, marchaba de maravilla, poco a poco nos conocíamos más, las costumbres de cada uno, las mañas, los gustos alimentarios, musicales y mil cosas más. Él viene de una cultura totalmente diferente a la mía y es más arraigado a sus costumbres, y yo, al contrario, puedo amoldarme con más facilidad. De todas maneras, todo iba bien, teníamos más en común de lo que podíamos imaginar, pero en el resto de las cosas nos complementábamos y eso era genial, porque de ser diferente, se tornaría monótona la relación, si fuéramos iguales en todo, sería aburrido.

Su adaptación le resultó fácil, estaba en el lugar que quería, con la persona que él soñaba (según lo dicho por él), aunque echaba de menos a su familia y amigos, pero su cabeza en ese momento trabajaba correctamente para comprender sus sentimientos. Tuvo la suerte de conseguir trabajo enseguida, también me ayudaba en mis cosas, al igual que Olivia, como un trabajo extra.

Una de las cosas que teníamos en común, era viajar. Ambos amamos los viajes, conocer diversas culturas, sitios llenos de magia, naturaleza, y todo lo que conlleva la aventura de subirse a un avión y explorar nuevos destinos. Por eso preparé una sorpresa para Leo.

—¿Y esto? —preguntó sorprendido cuando le entregué un sobre.

—Pues ábrelo —contesté. Me hacía mucha ilusión ver su reacción, me miró y procedió a abrirlo.

—*¡No manches, wey!* —expresó emocionado—. ¡No lo puedo creer, nos vamos a Tailandia!

—Pues sí, sabía que era un sueño que tenías y me encantaría que lo cumpliéramos juntos —respondí feliz por ver su rostro iluminado.

—¡Estás loco, *wey!*, es demasiado caro, pero, conociéndote, no te digo nada, porque sé que te gusta hacer feliz a la gente de alguna manera y te molesta que te llamen la atención por el gasto. Créeme que estoy más que feliz, hacernos una escapada al paraíso es lo mejor. —Su emoción continuaba, me abrazó fuerte y me besó en la mejilla—. ¡Te quiero tanto!, siempre pensando en los demás, intentando hacer sonreír a la gente, pendiente de todos y cada uno de tus seres queridos. Eres genial.

—No me lo agradezcas. Para mí también es un sueño poder ir, a un lugar como ese, contigo, desconectar del mundo por unos días y disfrutar de ese sitio juntos.

—¡Ves!, la vida da vueltas y te sorprende —respondió.

Guardó los papeles dentro del sobre y lo dejó sobre la mesa mirándolo con cariño, tomó mi mano y nos sentamos en el sofá.

—A veces me pregunto por qué los sentimientos no se pueden explicar con palabras. Quisiera poder expresarte exactamente cómo me siento, el bien que me haces, cuánto cariño te tengo. ¡No, eso no! Para qué mentir —dijo, y lo miré sin entender—, ¡es amor! Lo sé, ya has sobrepasado la barrera del cariño, lo que siento es superior, puede sonar loco, pero creo que estaba a destinado a ser así y contra el destino, no se puede ir, es lo que tenemos marcado y tú eres parte de ese camino que me toca hacer. —Escuché atentamente cada palabra, nunca lo había

oído hablar así sobre algún tipo de creencia como el destino, por ejemplo. Lo que me llamaba más la atención era la convicción con la que pronunciaba las palabras, la profundidad de sus pensamientos, que antes no eran tan rebuscados, quizás el tiempo le estaba mostrando cómo es la vida en realidad y estaba haciendo que abriera los ojos para ver otros horizontes. Puede que antes solo pudiera mirar en una dirección, creyendo lo que el quería o lo que su crianza le regía; no obstante, había cambiado y eso me llenaba de orgullo y tranquilidad.

—Me gusta esa nueva manera que tienes de pensar —reconocí.

—Tenía que darse en algún momento, supongo —admitió—. ¿Sabes?, he estado pensado que más adelante hablaré con mi

familia sobre nosotros. —Me había dejado sin palabras, tragué saliva.

—¿Estás seguro?—pregunté atónito.

—Pues sí, supongo que tendrán que aceptarlo, y si no, pues ellos se lo pierden. Ellos son lo más importante que tengo, eso es obvio, y como tú también eres importante para mí, quiero que podamos compartir momentos todos juntos —agregó.

—Es un tema complicado, lo sabes, pero si es lo que quieres, te voy a apoyar y estaré contigo siempre, pase lo que pase. Seguramente, llegará un momento en el que mi familia también se tendrá que enterar, porque tampoco estamos haciendo nada malo, ya que el que ellos sean cerrados de mente y se hayan criado con la creencia de que la heterosexualidad es lo único normal no es culpa de nadie. Deberían avanzar en el tiempo y no quedarse estancados en la Edad de Piedra —comenté—. Además, quién sabe, quizás había cavernícolas *gays* —agregué riendo.

—Nunca lo había pensado. Puede que tengas razón y estés descubriendo una teoría que puedan investigar—razonó, mostraba cara pensativa, pero de forma irónica.

—No lo decía en serio, aunque, pensando, quizá la posibilidad existe. —Hubo un silencio y no hablamos más del tema.

—Aún no me creo que vayamos a viajar. Ya quiero que se pasen los días para irnos —comentó ansioso.

—Dos semanas se pasan rápido, cuando te des cuenta, ya estaremos en el avión de camino a ese paraíso —comenté.

—Pues sí —afirmó, se acostó apoyando su cabeza sobre mis piernas y me miró con esa ternura que me derretía.

ALLÁ VAMOS

Los sentimientos que teníamos el uno por el otro iban cambiando, y, cuando digo esto, no me refiero a que estábamos perdiendo el cariño, sino todo lo contrario, notábamos que cada día nos queríamos con más intensidad, nos conocíamos mejor y la confianza aumentaba a pasos agigantados. Teníamos ciertas opiniones diferentes, pero no lo discutíamos en forma de pelea, simplemente intercambiábamos opiniones con madurez, puesto que considerábamos que las peleas no eran necesarias y que desgastaban una relación, y, como he dicho anteriormente, tampoco dejábamos que la relación se tornara monótona, ya que eso aburre.

Los días pasaron rápido y llegó el momento de irnos a Tailandia, un largo camino nos esperaba, teníamos las maletas preparadas. Leo estaba superansioso y emocionado, aunque el día del viaje se calmó bastante, pero no por completo hasta tener los pies en el avión.

Uno se siente muy bien al hacer feliz a las personas con detalles. Aparte de que sea un viaje, para mí es más que eso, serán momentos compartidos en un entorno diferente, y él estaba feliz, me lo transmitía su sonrisa y agradecimiento constante. Es increíble como la vida te sorprende, y todo lo oscuro se puede iluminar de pronto en un abrir y cerrar de ojos.

He aprendido a querer de una manera diferente y tengo muchas ganas de que él sea el compañero de vida hasta que esta se termine. Su voz, sus abrazos, su fragancia, su sonrisa, su alegría, el romanticismo con el que habla y la tranquilidad con la que pronuncia las palabras logran en mi una paz interior inigualable, como si dos almas hubieran nacido para sentir amor mutuo, puro y sincero. Estos sentimientos habían despertado en mí a la persona que soy en realidad, sin importar qué tan molestos sean mis pensamientos por momentos.

Siento ganas de contar cómo me siento, explicar con palabras las sensaciones que recorren mi cuerpo, pero, seguramente, no lo consiga hacer. Entonces, ¿por qué la insistencia en querer explicarlo? Porque seguro que hay muchas personas que están o han pasado por la misma situación y quizás no han tenido un buen desenlace. ¿Cuál es tu miedo y por qué? Si tienes la capacidad de imaginar una hipotética situación que te de miedo, porque no sabes lo que hay detrás, tienes también la capacidad de saber que ese miedo solo está en tu imaginación y, a su vez, debes eliminarlo, autoconvencerte de que tú puedes lograr lo que te salga de las narices, por más ilógico que suene ese deseo. Solo intenta llegar a la meta, que quizás en el camino encuentres otra opción mejor y te sorprendas.

Mi meta era, como dije antes, casarme con una mujer y tener hijos, pero en el trayecto para conseguirlo, me encontré con otro camino que tomé con la esperanza de encontrar algo nuevo y así fue, nunca imaginé qué podía ser, pero me sorprendió y aquí estoy, con una persona que me causa una vorágine de sentimientos nuevos, que al inicio daban miedo, pero luego descubrí que solo existían en mi mente, entonces los alejé y fue la liberación a todos los velos oscuros que no dejaban que viese con claridad lo bueno de la vida.

Estábamos sentados en el avión a punto de despegar hacia el paraíso, a un sitio hermoso para compartir con una persona hermosa en todo su ser. Tomó mi mano, me miró a los ojos y me dijo: «¡Allá vamos!». La aeronave comenzó su rodaje hasta que levantó el vuelo. Todo comenzaba a hacerse pequeño mientras que nuestra ilusión se hacía grande.

Después de unas cuantas horas de viaje, llegamos a Bangkok. Leo parecía un niño de la emoción que tenía, miraba por la ventanilla del avión cuando nos estábamos aproximando, y mayor fue su emoción al llegar a la ciudad. Un coche nos vino a buscar, y él se quedaba boquiabierto con cada cosa que veía. Yo también me sorprendía, pero el sueño de conocer ese país era de él y comenzaba a disfrutar cada minuto.

—¡No puedo creer que estemos aquí! —comentó emocionado.

—Pues créelo porque es verdad —respondí, me sonrió y continuó mirando.

Las sorpresas no acababan ahí, le había contratado un *tour* un poco más personal: el guía, el chófer, Leo y yo recorreríamos la ciudad de una manera especial, para aprovechar cada sitio y aprender sobre la cultura de Tailandia.

BAJO LA LUNA Y LAS ESTRELLAS

En una de las noches que estábamos en una de las islas de Tailandia, me detuve a pensar en que Leo había estado extraño todo el día, no entendía el motivo, pero tampoco me sentía con ganas de investigar. No tenía sentido, por lo que hice caso omiso a su comportamiento, pero, en la noche, continuaba de la misma manera, estaba ansioso, distraído y con ganas de escapar. De hecho, así fue. Al caer la noche salió y estuvo fuera durante unos treinta minutos, lo único que me dijo fue que tenía que salir, pero que confiara y que ya vería qué pasaba. Obviamente, me descolocó por completo, me dio un beso y se fue sin más.

Por más que intentaba no pensar en nada, tenía cierta curiosidad por saber cuáles eran sus andanzas y comenzaba a sentirme incómodo. Me senté en la cama a pensar en nada y en todo. Al mismo tiempo, llamaron a la puerta y por debajo metieron un papel. Fui a por él y ponía: «Prepárate para ir a la playa». No entendía nada, pero algo me decía que lo hiciera y así fue.

Como a los diez minutos, otro papel apareció por debajo de la puerta, explicándome a donde tenía que dirigirme, era algo extraño, por momentos, temí que le hubiese pasado algo a Leo, no quería pensar en un posible secuestro, pero la idea vagaba en mi cabeza; no obstante, fui a donde me decía nota.

Al llegar a un camino de arena rodeado por plantas donde escaseaba la luz, encendí el *flash* de mi móvil y me topé con un letrero: «Quédate aquí, cierra los ojos y confía en mí». Algo se traía entre manos y me supuso un poco de *stress* y miedo, pero, por lo menos, ese letrero me daba la idea de que estaba bien, aunque, tanto él, como los posibles secuestradores podrían haber puesto ese cartel. Sin más, cerré los ojos y esperé unos minutos.

—No los abras —ordenó Leo, al que se oía por detrás.

—¿Estás bien?, me tenías preocupado —refunfuñé.

—Superbien, *wey*, pero no abras los ojos. —Se acercó rápidamente—. Ahora yo te dirijo, solo camina tranquilamente. — Me tapó los ojos y me dirigió a algún sitio.

Por un instante, me sentí como en una película de miedo, donde el supuestamente bueno, en realidad, era malo, y ¿si él me había engañado todo el tiempo y quería hacerme daño?

Que exagerado que sonaba en ese momento, ahora que lo escribo me doy cuenta de ello y me río.

—Leo, ¿a dónde vamos? —pregunté impaciente.

—Tranquilo, ya casi llegamos, confía en mí, en serio —respondió con ternura—. Es que… —me destapó los ojos— ¡hemos llegado! —exclamó poniéndose a mi lado, pero un paso delante, y señalando una hermosa cabaña a orillas del agua formada por troncos, ornamentada con cortinas blancas, y antorchas que estaban por todo el camino que llevaba a ella y la rodeaban haciendo de aquel, un lugar mágico.

—Oh, por Dios —Susurré.

—¿Te gusta?

—¡Me encanta, es una pasada! —halagué.

—Vamos, quiero que cenemos allí, está todo preparado — explicó, se quitó las zapatillas y me tomó de la mano.

—Espera, me quitaré el calzado —comenté, me descalcé y caminamos por el sendero de tablas iluminado por antorchas de bambú.

Al llegar a la cabaña, había una mesa redonda en el centro, todo estaba perfectamente decorado, pero sin ser exagerado, algún arreglo con plantas autóctonas, telas de diferentes texturas en tonos blanco y arena, todo iluminado por antorchas, pequeñas farolas y velas.

—Quería hacer algo distinto, lejos de todo aquello a lo que llamamos mundo, y disfrutar de lo que realmente es el mundo, la naturaleza, por eso no he pedido música, ni es un sitio con luz eléctrica, bueno, sí que la hay, pero preferí que no se usara, solo en caso necesario. Quería cenar al aire libre y estar un rato bajo la luna y las estrellas olvidándonos de todo, pendientes de nosotros mismos.

Sinceramente me había parecido una idea estupenda, un gesto de cariño enorme, sincero, que no esperaba, y no, precisamente, por él, sino porque la idea era original. Es probable que hasta aquí te parezca una típica cena cursi donde el chico invita su novia a una velada romántica, porque si no supieras que éramos Leo y yo, seguramente, en tu imaginación verías una película donde un chico apuesto, probablemente vestido con unos pantalones blancos y camiseta haciendo juego, cena con su novia rubia, de piel perfecta, bellos ojos claros y también vestida de blanco, pero es normal o, mejor dicho, lo más común pensar en eso. Pero no, éramos dos chicos, dos personas con un sentimiento compartido que intentaban ser felices descubriendo nuevos mundos dentro de sí mismos y el uno del otro.

No sé si te has preguntado alguna vez qué es lo que viene luego o si tiene sentido saber qué te depara el futuro. En mi opinión, la vida es una camino asignado donde se nos pondrán pruebas, aprenderemos cosas y nos toparemos con un sinfín de sorpresas; en definitiva, la vida es una caja llena de ellas y podemos encontrarnos con cosas que jamás imaginábamos que podían suceder, incluso que quizás pensábamos que algo sería de una manera y la vida nos sorprendió enseñándonos que era distinto. Todos queremos saber si nos irá bien, si sufriremos, si seremos felices, cuando tendremos hijos e incluso cuando moriremos. Un cuestionario enorme que nos planteamos para adelantarnos a lo que nos depara la vida en un futuro, pero, al final de todo, la ignorancia quizás no sea tan mala o no es realmente lo que creemos. Los ignorantes suelen ser curiosos y tratan de descubrir lo que no saben lanzándose a pequeñas o grandes aventuras, mientras que el que cree saberlo todo permanece en su burbuja de supuesta sabiduría, confiado en que todo es como él dice y, de esta manera, permanecerá en ese sitio sin avanzar mientras el ignorante consigue descubrir otros horizontes. Al fin y al cabo, los grandes científicos, filósofos y sabios del mundo han llegado a ese punto porque en algún momento de su vida fueron ignorantes, y, seguramente, lo fueron hasta el último momento de sus vidas.

En mi piñión, la ignorancia hizo que, de alguna manera, los científicos, los filósofos y los sabios dejaran huellas en el mundo.

Quizás esta también ha provocado que las personas erraran, pero de los errores también se aprende.

Esa noche cenamos en la playa, desconectados de la monotonía de la vida, sin reparar en el tiempo. Nos tumbamos mirando el cielo estrellado cerca de un fogón q habían preparado.

—¡Ves!, esto ha sido lo más cursi que he hecho, pero ¿sabes algo? Me encanta ser cursi a veces.

—Lo cursi no es algo malo, y no es cursi, es diferente —corregí.

—Siempre tienes algo que decir, tiene razón Olivia, y me gusta escucharte —confesó Leo—. ¡Oye!, tengo otra cosa no cursi pero diferente —agregó y me reí por lo que había dicho.

—¿Qué es?

—Siéntate —dijo mientras él hacía lo mismo, se puso frente a mí y metió su mano en el bolsillo.

—No te voy a proponer matrimonio, pero quiero comprometerme contigo a estar la vida entera a tu lado, queriéndote, cuidándote, aprendiendo de ti, compartiendo risas, llantos, momentos felices y tristes, pero siempre juntos, siendo también tu amigo y confidente. —Sacó un collar con una piedra de color turquesa y blanco, me lo colocó en el cuello y sacó otro igual para él.

—Deja que te lo ponga yo, porque también quiero lo mismo, y no lo repito porque sería como lo hacen todos y esto tiene que ser diferente, pero sabes perfectamente lo que me haces sentir cada día y desde el inicio, lo que quiero para nosotros y nuestro futuro. Y gracias por esta noche *no cursi pero diferente*. Ha sido genial y espero que se repitan más como esta. —Lo abracé.

—Eres el mejor —me susurró al oído.

—No es cierto —respondí.

—Lo eres y no soy el único que lo dice, así que acéptalo —bromeó—. Vale, pero no quería quitarte el lugar, tú eres el mejor —nos reímos.

Al regresar para dormir, nos dimos cuenta de que eran casi las cuatro de la madrugada; no obstante, había valido la pena, además se pasó superrápido y no sentimos sueño en ningún momento. Cuando el cariño es mutuo, intenso y se pasa bien al lado de la persona a la que amas, el sueño, el cansancio y las horas se perciben diferente.

ESTO NO ME LO ESPERABA

Tailandia es un lugar donde cada rincón está lleno de magia y no dejas de sorprenderte en ningún momento; la energía y la inmensidad de la naturaleza son inigualables. Como todo lo bueno, dura poco o pasa rápido, nuestra estancia en ese maravilloso paraíso se había acabado, tocaba regresar a Escocia y continuar con la rutina.

—Tom, he hablado con mis padres esta mañana por videollamada —comentó Leo, sonaba preocupado.

—Ah, ¿sí?, y ¿qué tal están? —pregunté.

— Pues muy bien, *wey*, por suerte; pero, ¿sabes?, hay un problema.

—Me estás preocupando, ¿que ha sucedido? —pregunté temeroso.

—Quieren venir a visitarme —respondió.

—¿Y cuál es el problema? —No me daba cuenta de lo que estaba preguntando.

—*Wey*, ellos no saben de lo nuestro. —Revoleó los ojos.

—¡Oh!, sí, es verdad. Lo siento —me disculpé—. Diles que vengan, pues ellos saben que te estás quedando en casa de un amigo. ¿Qué les dijiste?

—Les dije que me dieran un tiempo, así planificaba todo, y sí, ellos creen que estoy en casa de un amigo.

—Pues les damos la habitación con la cama de matrimonio, nosotros nos vamos a la otra y dormimos en camas separadas y no pasa nada, lo arreglamos todo y no tienen por qué sospechar.

—¿Estás seguro? —Temía incomodarme con la presencia de sus padres, pero no era así.

—¡Hombre!, claro, no te preocupes. Ellos son tu familia y pueden venir las veces que quieran, esta es tu casa también. Llámalos y diles que vengan cuando lo deseen. —Me acerqué y lo abracé para tranquilizarlo.

—Gracias, de verdad —dijo aliviado—. ¡Cómo crees!, no tienes que agradecerme nada.

Los días siguientes los dedicamos a acomodar la casa para la llegada de los padres de Leo, que llegaron a las dos semanas. Él estaba un poco tenso, pero yo, todo lo contrario. De todos modos, comprendía perfectamente su situación y traté de tranquilizarlo en todo momento, algo me decía que todo estaría bien.

Dos semanas después...

El día había llegado, había que ir a buscar a los padres de Leo al aeropuerto.

—¿Vienes conmigo? —preguntó.

—Claro, si tú quieres. No te pregunté si querías que te acompañara para no ponerte en un compromiso, quizás preferías ir solo —comenté.

—Creo que es mejor que vengas, tú me das tranquilidad y confianza. —Sonrió.

—Será un placer acompañarlo, señorillo. —Bromeé, cogí mi móvil, mis documentos, las llaves del coche y partimos rumbo al aeropuerto.

Leo condujo, no hablo mucho, estaba pensativo, y preferí respetar eso, tampoco tenía mucho que decirle.

Al llegar al destino, aparcamos el coche y fuimos directamente a la zona de llegadas, miramos en la pantalla que el vuelo de los padres de Leo estuviese ya en tierra o llegando; efectivamente, ya habían aterrizado, por lo que nos quedamos a esperarlos. Leo estaba inquieto, bastante nervioso, caminaba de un lado a otro, siempre que podía yo le hablaba de algo para distraerlo un poco, pero no funcionaba completamente. Quince minutos más tarde, los padres atravesaban la puerta. El padre empujaba el carro de las maletas, la madre apresuró su paso al ver a su hijo, él la imitó y corrió entre la muchedumbre para abrazarla, yo me paré y permanecí en mi sitio para cuando ellos se acercaran.

Leo saludó a su padre y vinieron hacia mí.

—Papá, mamá, él es Tom, mi amigo. Él es quien me da hospedaje —me presentó, se le notaba más tranquilo.

—Un gusto conoceros. —Estreché la mano del hombre.

Leo se parecía bastante a su padre, aunque era una combinación de ambos. La madre se acercó y me dio dos besos, yo estaba bastante tranquilo, aunque confieso que me sentí un poco extraño por unos minutos, en definitiva, eran mis suegros. Luego nos fuimos al coche, cargamos las maletas y partimos hacia casa, esta vez, conducía yo mientras Leo hablaba con su familia y cada tanto me hacía participar en la conversación. Eran personas muy simpáticas, él había heredado el humor de su padre, aunque su madre también era bastante cómica. El camino se hizo corto, el tráfico estaba raramente fluido y no tardamos más de veinticinco minutos.

Leo les enseñó la casa y los llevó a la habitación, se quedarían solo un par de semanas. Leo nos invitó a almorzar en un restaurante frente al mar, charlamos y nos conocimos en profundidad, nos reímos. Tuvimos un almuerzo divertido, luego nos fuimos a pasear para que ellos conocieran un poco la ciudad.

Una de las noches en casa, me puse a preparar café para todos después de la cena, mientras tanto, ellos esperaban sentados en el sofá del salón charlando. Llevé primero dos tazas para la madre y el padre, las dejé y después fui a por la mía y la de Leo, y regresé enseguida al salón.

—Leo, con tu madre he estado charlando bastante este último tiempo sobre algo que nos *preocupa* —comentó el padre mientras hacía el gesto de entre comillas con los dedos—, pero nos preocupa, porque sentimos que no estás bien en cierta forma por nosotros. —Leo estaba atento a lo que decía y yo igual, sin decir una palabra ni entender a que venía todo eso.

—Hijo, nosotros siempre hemos querido tu bien y tu felicidad, quizás, a veces, nos comportamos de una manera que te ha hecho cerrarte un poco —explicaba la madre mientras le daba sorbos al café. El ambiente se tornaba tenso.

—¡Mmm!, no entiendo a que viene todo esto —dijo Leo muy tranquilo.

—Qué buen café, Tom —halagó, yo le agradecí—. Verás, hace un tiempo y desde que llegamos, hemos comprobado la conexión y el cariño que hay entre los dos. —Miró a Leo y luego a mí, me comenzaban a subir los calores al rostro, pero no dije nada—. Sé que quizás somos personas criadas con cierta manera de pensar, pero no significa q seamos malos y mucho menos, cerrados, y, como te he dicho, queremos tu felicidad. También notamos que Tom es una persona maravillosa, se le ve en la mirada… —Sentía que mi cabeza iba a estallar con cada palabra que decía la mujer—. Creemos que vosotros sois pareja —el silencio invadió el lugar—, y, en parte, es verdad que vinimos a confirmarlo, además de compartir unos días con vosotros.

—Mamá, te expl… —Quiso seguir hablando, pero ella no lo dejó.

—Espera, cariño, déjame terminar, no te sientas mal. Nos gustaría que nos dijeras si estamos errados o no, pero, simplemente, para que sepas que puedes confiar en nosotros, te aclaro que nada va a cambiar, eres nuestro hijo y no pienses en como fuimos criados. Quítate de la cabeza que somos tradicionales, el ser humano tiene que evolucionar y no quedarse en la Edad de Piedra, aunque si no estamos en lo cierto, ahora mismo os pedimos disculpas.

—Leo, hijo, nosotros te amamos inmensamente, y tanto a tu madre como a mí nos da igual cuál sea tu elección, si tú te has enamorado de Tom, pues genial, contra eso no se puede hacer nada. El amor es algo que no se controla, simplemente nace y hay que dejarlo crecer, como si fuese una persona que nace, la alimentas y crece poco a poco. No tengas miedo de perdernos, no tengas miedo de nada, queremos verte bien —comentó el padre, sonaba como una persona extremadamente buena y comprensiva.

Ambos abrazaron a Leo, este se echó a llorar a moco tendido, y, aunque yo me había quedado petrificado, no tardaron en abrazarme a mí también y de una manera tan cariñosa, que jamás creí que fuese a pasar.

—No sé qué decir —agregué, Leo se secaba las lágrimas.

—Simplemente, si realmente os queréis —dijo la madre.

—No os hacéis una idea del miedo que se siente a perderlo todo y a ser discriminado por tu familia, y por eso lo he ocultado. Conocí a Tom a distancia y a medida que pasaba el tiempo, me daba cuenta de que era la persona que necesitaba en mi vida. Verdaderamente, sí, lo quiero, nos queremos —respondió Leo entre sollozos.

—Para mí también fue difícil, porque yo no lo tenía claro. Todo cambió de repente en mi vida cuando lo conocí a él, que es el primer chico por quien siento algo —expliqué—. Sinceramente, siento mucho que todo haya sucedido así y agradezco eternamente su comprensión, sobre todo, con vuestro hijo, y también el cariño que me estáis demostrando a mí en este poco tiempo que me conocéis. Realmente, esto no me lo esperaba —agregué.

—Como os estamos diciendo, no os dejéis llevar por esta apariencia de personas antiguas, ante todo somos humanos, y tú al igual que Leo sois personas, indistintamente del sexo que seáis, y si se quieren como algo más que simples amigos, ¿qué podemos hacer contra eso? Sería muy egoísta de parte nuestra alejarnos de él, porque el amor que le tenemos no nos lo permite, porque es nuestro hijo y las cosas han sucedido así por algo. No somos nadie para juzgar lo que está bien o mal, a dos almas que se juntan para amarse, no seremos nosotros quien las separe.

—Queremos que seáis felices, y tú, hijo, quítate esa mochila llena de miedos, preocupaciones y cosas que pesan y no te dejan avanzar como tu quieres; solo sé tú, sin importar lo que piensen los demás, nuestro apoyo eterno lo tendrás, siempre que sea en cosas que te hagan bien —decía su madre, hablando con ternura y convicción—. Tom, bienvenido a la familia, se nota que eres buena persona y nos morimos de ganas de conocer más sobre ti. —La mujer sonrió al igual que su esposo, me tranquilizaron enormemente.

SOLO SE TÚ

La experiencia con la madre y con el padre de Leo fue sin duda una de las más provechosas que he tenido en muchos años, me convencieron al cien por cien de que el ser humano, en su gran mayoría, juzga por lo que ve. Ellos eran, aparentemente, personas conservadoras, criadas con la idea de que lo normal en el amor es que un hombre y una mujer se casen y formen su familia. Pues sí, ellos han sido criados de esa manera, pero el tiempo, ese gran sabio, los ha hecho evolucionar en sus pensamientos y aprendieron que no importa si alguien se enamora de una persona de su mismo sexo, lo que importa es que se han enamorado y que existe un vínculo fuerte que los une. Muchas veces pensaban que si un hijo les saliera *gay*, se morirían, que la gente iba a decir que qué vergüenza, pero el tiempo les preguntó a cada uno que si era la gente quien les llenaba la vida, que si eran ellos los que llevaban la comida a su mesa, si eran ellos los que realmente les importaban o eran sus hijos, por los cuales tanto sacrificio habían tenido que hacer, que si querían ver felices a los de fuera o a su familia, a la sangre de su sangre. Fue ahí cuando comprendieron que quienes estarán hasta el final de sus días serán sus hijos y no la gente. Cuando el día de tu partida llegue, solo quieres tener tus tesoros más preciados acompañándote y esos son tus seres queridos, no los de fuera, por eso ellos decidieron hacer lo que realmente sentían, seguir amando a su hijo sin importar el camino que tomara para lograr su felicidad, sobre todo, porque había escogido un camino que no era malo, no se trataba de drogas, vicios u otras cosas que podían arruinarle la vida, había escogido el camino del amor. Costaba creer, al principio, que todo lo tomarían tan bien y con total normalidad, quizás nuestros pensamientos hacían que imagináramos lo peor, podía haber pasado, pero no fue el caso y qué mejor que disfrutar de ese apoyo de parte de ellos.

Leo y yo compartimos con sus padres el cómo nos conocimos, él le contó lo rudo que había sido conmigo y con él mismo tratando de negar lo que sentía e incluso que era capaz de tener sentimientos tan fuertes. Por otra parte me hicieron sentir que era parte de su familia, dos personas muy agradables, pacíficas, cultas y llenas de valores.

—Leo es una persona con sentimientos enormes, él se ha hecho de una coraza por todas las malas experiencias que ha tenido con amigos y parejas, pero nosotros, que lo conocemos más que nadie, te podemos decir que es un ser magnífico, y justamente porque es nuestro hijo, sabemos exactamente cómo es, también podemos decir que suele ser bastante terco y le cuesta creer en ciertas cosas —explicó su madre.

—Tom me ha enseñado a creer, y también a aceptar las cosas —reconoció Leo y me miró.

—Hemos notado tu cambio en este último tiempo y es genial, porque se te ve bien, en muchos aspectos —agregó el padre —. Solo sé tú, sin importar el resto, si tú estás bien internamente, todo lo externo lo estará, todo lo que te propongas, lo conseguirás.

—¡Queremos verte bien, hijo! —Su madre se acercó para abrazarlo.

—Mi vida ha dado un giro enorme, de un momento a otro se han abierto las puertas que tenía cerradas, esto ha permitido que la claridad llegara a mi ser interior, mi mente, mi alma y mi cuerpo se sienten más livianos y frescos, claramente, existen preocupaciones diarias, como le sucede a cada persona, pero lo que realmente importaba, que me tenía en un sin vivir, se ha encaminado a la tranquilidad. No hay dudas de que la vida es un camino extenso pero pequeño al mismo tiempo, donde aparecen diferentes atajos y también obstáculos, la cuestión es saber sortear cada uno de ellos. En este andar nos toparemos con gente de toda clase, ahí es cuando debemos ser lo suficientemente listos para saber en quién confiar y en quién no, pero cuando encuentres seres que valgan la pena, escúchalos, y, sobre todo, aprende de ellos, no te encierres en una burbuja para solo ver lo que tú quieres y escuchar simplemente tus opiniones o pensamientos, pues puede que un día encuentres a la persona que le de la vuelta el mundo y haga que lo veas de la manera que realmente es, y no, como tú creías que era.

Esas fueron las palabras de Leo. Luego del abrazo, por momentos, me miraba cuando hablaba, me agradeció delante de sus padres que, gracias a mí, había vuelto a creer en muchas cosas, sobre todo, en el amor.

NO ESTAMOS SOLOS

Aunque tanto Leo como yo nos sorprendimos con la reacción de sus padres, no sabíamos exactamente cómo los míos tomarían toda aquella situación. Por unos cuantos meses, vivimos, y sobre todo yo, en la incertidumbre de si debía contarle o no la elección que había hecho para mi vida, y en caso de hacerlo, cómo les caería la noticia.

Una noche decidí hacer una videollamada a mi padre y mi madre, charlamos un rato largo y en un momento de seriedad les dije que tenía algo que contarles.

—Hace un tiempo, las cosas no iban bien o, mejor dicho, yo no estaba bien anímicamente, me sentía incompleto y en un punto en el que no sabía a dónde tenía que ir. —Ellos estaban atentos, se les notaba un poco asustados—. Luego conocí a alguien y todo comenzó a fluir. —Sus caras habían cambiado y parecían más alegres. Hice una pausa, suspiré, no sabía cómo decírselo, pero no me quedaba otra opción que hacerlo, pues el ambiente se tornaba tenso y se me hacía aún más difícil—. ¡Estoy con un chico! —lo dije y esa sensación de ensordecimiento volvía a invadirme, al mismo tiempo tenía la garganta hecha un nudo y solo quería echarme a llorar.

—¿Cómo has dicho? —preguntó mi madre, como si no hubiese escuchado, y yo suspiré de nuevo.

—Pues lo que has oído. Lo siento —me disculpé, me mantuve mirando la pantalla con una mano a cada lado de mi cabeza, una lágrima cayó sobre el ordenador.

—¡No tienes que ponerte mal por eso! —protestó mi padre, sonaba comprensivo y para nada enfadado—. Es tu elección, eres grande para tomar decisiones, además esas son cosas que simplemente nacen y no se pueden controlar, si a ti te gusta una persona y sientes algo fuerte, debes seguir adelante, siempre que sea mutuo —explicó, y mi madre lo miraba desconcertada, los ojos parecían salírsele de su sitio.

—No hablarás en serio, ¿no? —A ella no le gustaba nada la idea de que su hijo tuviera un hombre como pareja, y mucho menos, que su marido apoyara a su hijo en ese tema.

—Por supuesto que hablo en serio, no es un tema para tomarlo a broma, Tom no parece estar bromeando, o ¿acaso tú crees que bromea? — Mi padre comenzó a molestarse con mi madre.

—No lo comparto, me parece totalmente absurdo, no es normal y me niego a aceptar las cosas de esta manera. Yo no crié un hijo así, tú tienes que estar con una chica, tener tus hijos; lo que todo el mundo en su sano juicio hace, formar una familia como se debe. —Sus palabras me dolieron.

—Absurdo es el pensamiento tan corto que tienes, es tu hijo, no puede ser que actúes de esa manera y digas esas cosas. —Mi padre estaba indignado con la actitud de mi madre.

Mientras Leo estaba al otro lado del salón escuchando la conversación, yo le había pedido que se quedara, temía que mi madre dijera algo que lo pudiera ofender, pero no fue el caso.

—Tú, como siempre, llevándome la contraria —se quejó ella, optó por levantarse e irse. Mi padre permaneció frente al ordenador.

—Tom, dale tiempo, ya sabes cómo es, es muy conservadora y fue criada de una manera diferente a la actual. Por mi parte, no puedo decirte más que sigas con lo que sientes, si te hace feliz. Cuentas con mi apoyo, y sé que con el de ella también. Sabes perfectamente que te quiere más que a su vida, y estoy seguro de que en algún momento cambiará de opinión

—Gracias, papá. —Sinceramente había pensado que mi madre lo tomaría mal, pero no esperaba esa reacción de mi padre, él es bastante tradicional, pero, para sorpresa mía, también es de mente abierta y moderno.

—No tienes que agradecer nada, eres mi hijo. Si las cosas tienen que ser así, pues te acompañaré en este camino.

Leo, que estaba al otro lado del salon, hacía gestos como si aplaudiera, con cara de sorprendido. Hablé durante casi dos horas con mi padre, podía sentir su buena energía, tenía curiosidad por saber quién era la persona que me acompañaba, y, al mismo tiempo, se limitaba a preguntarme cosas. De todas maneras le conté un poco, porque ni Leo ni yo estábamos preparados para mostrarnos los dos juntos, también necesitábamos nuestro tiempo.

Quince días después…

—Tom, te han dejado este sobre —informó Leo.

—Ah, vale. —No esperaba ningún documento, pero enseguida vi quién era el remitente. Mis latidos se aceleraron, no tardé en abrirlo.

—¿Qué pasa, wey?, se te ha transformado el rostro —comentó Leo—. Es una carta de mi madre —murmuré.

—Pues siéntate y léela tranquilo, iré a por café.

Fui al sofá y me dispuse a leer aquellas líneas escritas a mano.

Mi querido hijo Tom:

Espero que te encuentres bien. Eso es lo más importante para mí.

Desde que nos diste la noticia a tu padre y a mí, he tenido la cabeza hecha un lío, una mezcla de sentimientos pasean de un lado al otro, algunos días me quitaban hasta el sueño.

Cuando uno es padre hace muchos sacrificios para criar a sus hijos y quiere educarlos de la mejor manera posible. Pretendemos llegar a la perfección que, obviamente, no existe, pero, aún así, insistimos para que sean los mejores, al menos, desde mi punto de vista. Siempre he soñado con verte casado con una mujer, tan buena e inteligente como tú, que me dieras nietos, que formaras tu familia; ese era mi sueño, puede que el de toda madre y padre.

Quizás te suena bastante egoísta si te pido que me entiendas, y no te juzgo por eso, pero me gustaría que me comprendieras un poco, que tengas en cuenta que fui criada por un padre muy estricto y tradicional, bueno, qué te voy a contar a ti, si ya sabes que tu abuelo era el típico militar enfrascado en sus creencias.

No te imaginas lo difícil que es para mí imaginarte con un hombre, pero, todavía más, lo es imaginar mi vida sin hablarnos y estar más lejos aún de lo que estamos, eso para mi sería la caída a un pozo profundo de tristeza. Mi amor hacia ti es más grande que cualquier cosa y he decidido escribirte esta carta para pedirte perdón por cómo me comporté aquel día de la videollamada, espero que entiendas que acababa de recibir un cubo de agua helada. Como te dije antes, no era lo que imaginaba para tu vida, no te voy a mentir, pero, estos últimos días, he tenido charlas conmigo misma, las cuales me han llevado a aceptarte tal y como eres, así como lo haces tú con nosotros, que también nos hemos equivocado y lo seguimos haciendo, pero nos quieres con nuestros defectos y virtudes, aceptas lo bueno y lo malo. Por eso tengo que tomar tu ejemplo y hacer lo mismo.

Creo que siempre o la mayoría de las veces los padres nos olvidamos de que también somos o fuimos hijos, nos molestaban ciertas cosas de nuestros padres, y hoy comprendo que no puedo ser tan mediocre, tengo que ponerme en el lugar del hijo y de la madre, pero, por sobre todas las cosas, en el lugar del ser hu-

mano racional. Los chicos aprenden de los mayores, y hacemos caso omiso a que los grandes aprendemos de los chicos también, los hijos nos enseñan a ser padres.

Tom, me duele darme cuenta de lo mal que me comporté, después de pensar tanto y charlar con tu padre sobre el tema, me angustia haber tenido esa reacción, esa no era yo. Hijo, eres mi vida y estaré contigo en cada cosa que te tenga que pasar, te apoyaré en todo aquello que te haga feliz, es verdad que necesitaré un poco más de tiempo para digerir todo y hacerme a la idea; no obstante, cuentas conmigo para lo que sea.

Sé feliz y quédate con la persona que haga latir tu corazón deprisa, con quien consiga hacerte sonreír por nada y por todo, y que alimente esa sensación indescriptible que enciende tu cuerpo, alma y mente, llevándolos a ese sitio llamado amor eterno.

Te quiero más que a mi vida, no lo olvides.
Te mando un beso y cuídate.
Mamá

Acabé de leer la carta con los ojos inundados por la emoción, Leo se acomodó a mi lado y me abrazó sin preguntar ni entender la causa de mis lágrimas, pero no tardé en darle el escrito para que lo leyera.

—Al parecer todo se ha encaminado poco a poco. Lo mejor de todo es que no estamos solos —reflexionó al finalizar la lectura.

HASTA QUE EL TIEMPO LO DIGA

Vaya, si la vida da sorpresas. En la niñez, uno ve todo de una manera tan distinta que cuando crecemos, intentamos acordarnos de cómo veíamos la vida, aunque no lo conseguimos al cien por cien, pues las imágenes se nos tornan extrañas y muchas veces nos provocan nostalgia.

Cuando somos chicos, hacemos algunos planes fantásticos para cuando seamos mayores, pero, al llegar a la adolescencia, eso cambia y nos preguntamos qué será de nuestra vida cuando lleguemos a ser adultos, y, poco a poco, la vida nos va mostrando lo que tiene preparado para nosotros y nuestro alrededor.

Los días, los meses, los años avanzan lento cuanto no tenemos uso de razón, puede que ni siquiera supiésemos si pasaba lento, rápido o si algo cambiaba en lo que hoy llamamos tiempo. Siendo adultos sabemos que es una forma de medir los sucesos de la vida o simplemente no tenemos ni idea de lo que es en realidad.

Han pasado unos cuantos años desde que mi historia con Leo comenzó, exactamente diecisiete y medio. Aunque no lo creáis, seguimos juntos, puede que te preguntes si no nos hemos aburrido después de tano tiempo y sí, claro, en tantos años, ha habido tiempo suficiente para aburrirse y divertirse. Puede que suene poco convincente, pero la intensidad con la que nos queremos no se ha perdido, me atrevo a decir que aumenta cada día, nos conocemos inmensamente, y él se ha convertido en mi mejor amigo, al igual que yo, el suyo. No es una tontería, sino todo lo contrario, no todas las parejas llegan a ser los mejores amigos.

En cuanto a nuestras vidas puedo contaros muchas cosas, diecisiete años y medio no son pocos. Para empezar, mi familia, al igual que la de Leo, decidieron mudarse a Escocia para vivir todos más cerca, e increíblemente somos una gran familia. Y seguro que alucináis cuando os diga que mi madre adora a Leo, se llevan genial, hasta se unen para pelearse conmigo o lo defiende cuando bromeamos entre nosotros, aunque me gusta eso, es como si esa madre que tenía llena de prejuicios y negación, hubiera desaparecido. Han sido tiempos colmados de vivencias de todo tipo, pero, en resumen, puedo decir que han sido años maravillosos, lo que tan preocupados nos tenía se fue. El Tom del pasado con la cabeza repleta de pensamientos que no lo dejaban vivir tranquilo ha desaparecido, he aprendido mucho y lo sigo haciendo como cada ser humano en esta tierra, ya que aprendemos hasta el último día.

Leo cumplió su sueño de ser entrenador y montarse su propio gimnasio, no solo uno, con el tiempo consiguió abrir tres sucursales más, está muy feliz con sus logros. Mis padres y los de él siguieron con trabajos relacionados a los que tenían antes.

Mi trabajo continúa siendo el mismo y creo que así será por mucho tiempo. Este libro ha tenido varias ediciones, cada una de ellas con ventas increíbles. Pero, claro, no podía quedarme solo con una obra, por lo que he escrito un libro de vampiros, una historia de terror con espíritus y demás, una trilogía de genero fantástico, con magos, brujas, hechizos, amor, risas y demás. He montado una editorial donde tengo un equipo maravilloso y profesional en su trabajo. Mi último gran logro profesional, que me llena de emoción, es que se rodó la película de mi primer libro, gente vinculada al cine en Estados Unidos contactaron conmigo para llevar esta historia a la pantalla grande. Quizás no es una gran historia, pero algo tendrá, quizá tenga magia.

La película fue un éxito y, personalmente, me encantó, cuidaron cada detalle. Fue un revivir de este amor, como verlo desde fuera.

Creo que ya no me queda nada por decir, pero, al mismo tiempo, hay mucho, en resumen y como consejo, acercándome a ti un poco más, nosotros dos en confianza... Déjalo ya, quita todo eso que te amarga, créeme que se puede, por más duro y difícil que parezca, se logra, no pienses en cómo hacerlo, simplemente busca la forma, no intentes descubrir cuál será el tesoro, aventúrate a saber cómo llegar y disfruta el camino, pues allí encontrarás muchas piedras preciosas que te servirán como talismán de aprendizaje. Puede que no debas hallar ningún tesoro, pero seguro que encuentras algo que te sirva de mucho en el camino: felicidad, tristeza, amor, emoción, lágrimas, aprendizajes, personas, momentos... Todas y cada una de ellas te llevarán a crecer como ser humano.

Y para despedirme, quiero desearte que tengas una vida llena de todo lo que tú quieras, de lo que te haga fuerte y, sobre todo, feliz. Soy Tom, pero quizá sea tú también.

Aquí tienes un amigo, que, de alguna manera, cuentas conmigo. Solo aventúrate a saber cómo llegar a mí o quizá yo no sea un destino y solo me encuentres por el camino como una piedra que te sirva de aprendizaje.

Siempre me gustó leer y releer esta novela en cada una de sus ediciones y además me corresponde. Una historia de dos personas comunes y corrientes que se conocieron para amarse sin fronteras ni barreras, llenos de preocupaciones por el famoso *que dirán*, y aun así siguieron ese sentimiento llamado AMOR.

A mí me llena de orgullo. Pensemos de esta manera tan sencilla que dos almas que vienen de algún sitio para amarse en este mundo llamado tierra recorren juntos el camino, la vida, para ir a algún sitio o a ninguno" .Lo ves, no tiene mucho sentido, porque, en realidad, no todo es lo que parece, nadie está seguro de qué es cada cosa, solo hemos sido programados para ver las cosas de una manera y saber lo que es lo *normal.*

Tu vida no es igual a la de los demás, tus sentimientos, gustos, percepciones y realidades. Lo normal y lo anormal también cambian dependiendo de quién seas. ¿Tú quién eres?, piénsalo... ¡Qué divertido! Seguro que pensaste en tu nombre... Y ¿quién soy yo, la persona a la que estás leyendo?... No lo sabes... Sí, ¡eres Tom!

¡Pues no!, todo no es lo que parece. Soy Dave... Dirás que normalmente debería poner algo que indique que cambia el personaje. Tu normal no es igual al mío, tu gusto no es igual; a mí me gusta hacerlo de esta manera, no por eso estoy errado o haciendo algo malo.

¿Dave? Te preguntarás... Pues sí, en esta última edición he tenido la oportunidad de aportar mi granito de arena con el autor de esta hermosa historia, mi padre, Tom. Sí, sí, has leído bien... ¿Y quién es mi madre?... Te respondo que tengo dos padres, Tom y Leo, personas maravillosas en todo su ser, que me han enseñado valores increíbles y me han dado el amor que una persona necesita.

Para que me conozcas un poco más, te contaré.

Tom y Leo querían ser padres como muchos hombres en el mundo, por lo que decidieron recurrir a un vientre de alquiler en algún país que nunca me interesó saber, y junto a alguna mujer, que dedica su vida a hacer felices a otras personas, comenzaron el proceso. Aunque esa mujer me llevó nueve meses dentro, mi verdadera madre es Olivia, ella fue la de donó el óvulo, puede que sea una situación extraña, pero, al igual que mucha gente ha sido criada creyendo que lo normal son las parejas heterosexuales, yo he sido criado con dos padres y Oli. Esa es mi familia, y ella siempre me dice que soy el regalo más lindo que les hizo a mis padres. Era la única forma de hacerlo y en la que todos estaban de acuerdo.

Si te preguntas si soy *gay*, te respondería que si así fuera, no tendría problema alguno, lo aceptaría con orgullo, pero no es el caso. Tengo dieciséis años, siempre he tenido noviecillas, siempre me han atraído las chicas, ahora tengo novia desde hace un año, realmente, me gusta mucho y la quiero, ella sabe de donde vengo, conoce a mi familia, y aunque es verdad que en algún momento me pregunté si me dejaría cuando conociera a mi familia, aun así, nunca le mentí. «Me gustas tú, te quiero a ti y quiero estar contigo», fueron palabras de ella.

Con mis padres se lleva de maravilla, se quieren mucho, y con mis abuelos, lo mismo; todo fluye bien, no hay nada anormal en nuestras vidas. Nunca me han hecho *bullying*, porque no lo permito, solo hay que ser inteligente, saber ignorar o saber responder con grandeza. Tampoco he necesitado ocultar nada, porque no siento que sea necesario, toda mi clase, mis amigos y conocidos saben quién soy. «Los padres de Dave son geniales: Leo es gracioso, y además el entrenador del gym donde vamos casi todos; Tom es superbuena onda, hasta nos ayuda con las tareas de literatura, organiza las mejores fiestas», esas son las cosas que se comentan por ahí, en mi cara y a mis espaldas. Tener gustos diferentes a los demás no hace a una persona buena o mala, mis padres no van por la vida exponiéndose, no son depravados, todos saben que estan casados, pero, si los ves por ahí, parecen amigos.

Déjate de prejuicios y dedica tus energías a ti mismo y no, a estar pendiente de criticar la vida de los demás, nadie es quién para juzgar.

Las personas se respetan por ser PERSONAS, no por su raza, orientación sexual o gustos. Continuamos viviendo en una sociedad que pone etiquetas, y estas, la verdad, son para los productos de limpieza, la comida, las bebidas, la publicidad, y no, para las personas.

Somos todos diferentes, y por suerte, porque si no sería aburrido. Iguales solo somos en una cosa, en que somos seres humanos, es lo único. Cuando dicen que defiendo a los homosexuales porque soy hijo de dos personas que los son, yo respondo que los defiendo, porque son mi familia, no por sus gustos; tampoco defiendo a los hetero, simplemente me pongo del lado de los sentimientos.

No se trata de que los unos o los otros tengan razón, y si tengo algo que decir, es que creo que los homofóbicos solo le tienen miedo a lo que nunca han visto, se equivocan en tener miedo, eso les lleva a hacer cosas que pueden herir a otros. Los homosexuales intentan conseguir la igualdad, pero ellos también se ponen etiquetas y se hacen llamar gays o lesbianas, e incluso tienen una bandera que los representa, y yo me pregunto que por qué. Debería haber solo una bandera que represente la igualdad, una bandera de la humanidad, del hombre y la mujer, sin importar sus asuntos internos.

Soy Dave, me da gusto y orgullo decir que soy hijo de Tom y Leo, a ellos les doy gracias por todo, y a ti te doy gracias por tomarte el tiempo de leer esta historia de amor verdadero escrita por uno de mis padres.

Recuerda ser feliz, hacer el bien, reír, llorar, enseñar y aprender. Recorre este camino llamado vida hasta que el tiempo lo diga, pues él es el único sabio, y, por sobre todas las cosas recuerda *amar en kilómetros.*

FIN

Índice: